# A PELE DO VENTO

**Dados Internacionais de Catalogação na Publicação (CIP)**
**(Câmara Brasileira do Livro, SP, Brasil)**

Orrú, Sílvia Ester
A pele do vento : compreender e experienciar o autismo / Sílvia Ester Orrú. – Petrópolis, RJ : Vozes, 2025.

ISBN 978-85-326-7252-0

1. Autismo 2. Educação – Finalidade e objetivos 3. Empatia 4. Inclusão 5. Poesia brasileira 6. Prática pedagógica 7. TEA (Transtorno do Espectro Autista) I. Título.

25-277247 CDD-371.94

Índices para catálogo sistemático:
1. TEA : Transtorno do Espectro do Autismo : Educação inclusiva 371.94

Eliete Marques da Silva – Bibliotecária – CRB-8/9380

Sílvia Ester Orrú

# A PELE DO VENTO

## Compreender e experienciar o **autismo**

EDITORA VOZES

Petrópolis

Rua Frei Luís, 100
25689-900 Petrópolis, RJ
www.vozes.com.br
Brasil



*Editoração*: Rafaela Milara Kersting
*Diagramação*: Victor Mauricio Bello
*Revisão gráfica*: Vinicius Cavalcante
*Capa*: Isabella Carvalho

ISBN 978-85-326-7252-0

Este livro foi composto e impresso pela Editora Vozes Ltda.

# sumário

*Antes da prosa*, 9

1 – Empatia, 19

2 – Mascaramento do autismo, 26

3 – Saúde mental, 34

4 – Camuflagem social, 49

5 – Alta sensibilidade, 60

6 – Hiperfoco, 72

7 – Sensibilidade e exaustão, 82

8 – Des-conexão, 91

9 – Sentimentos intensos e profundos, 95

10 – Memória e literalidade, 109

11 – Alexitimia, 114

12 – Gênero e sexualidade, 120

13 – Experienciar o autismo, 124

14 – Autoaceitação, 133

15 – Acolhimento, 140

*Des-enlace*, 147

*Bibliografia*, 153

Tributo meus versos e (re)versos,

Às pessoas na condição singular do autismo, especialmente às meninas e às mulheres.

A mim mesma, porque só eu sei como é me viver intensamente.

A quem respeita a diferença como valor humano inegociável, a tal ponto de transformar o mundo em um lugar melhor para todas as pessoas viverem, com inclusão e acessibilidade, sobretudo, sem a força da lei.

# Antes da prosa

O Transtorno do Espectro Autista (TEA) afeta cerca de 70 milhões de pessoas no planeta, as quais flutuam entre as demandas de menos apoio até a necessidade de suporte substancial para viverem suas vidas com dignidade, qualidade, saúde e bem-estar. De acordo com a quinta edição atualizada e revisada do Manual Diagnóstico e Estatístico de Transtornos Mentais (DSM-V) (cf. American Psychiatric Association – APA, 2022), o autismo é um transtorno do neurodesenvolvimento que impacta o desenvolvimento da linguagem, a capacidade imaginativa, a socialização e a organização de pensamentos, sentimentos e emoções, além de se caracterizar pela presença de comportamentos restritos e repetitivos. O apego à rotina, os interesses em temáticas e atividades específicas (hiperfoco), a rigidez cognitiva, a literalidade e a sensibilidade sensorial são características que se imprimem diretamente na vida da pessoa na condição singular do autismo (PcA).

A mídia contemporânea estadunidense forja o retrato do autismo, frequentemente como uma estampa extraordinária, a partir de personagens fictícios presentes em programas de televisão como *Atypical*, *Touch* e *The Good Doctor*.

Neles, os protagonistas são do sexo masculino, brancos, héteros, de boa condição socioeconômica e envoltos em uma manifestação do autismo que demanda menos suporte. A mídia também exibe déficits e sensibilidades referentes ao autismo de maneira descontextualizada, sem a responsabilidade de brindar informação e conhecimento crítico aos seus espectadores. Entretanto, cerca de 6,7% das PcA experienciam o autismo profundo, não verbal, cuja necessidade de suporte pode chegar a 24 horas de dependência de uma outra pessoa (cf. Center for Disease Control and Prevention – CDC, 2023). Esse autismo a mídia não abraça.

Nos últimos anos, pesquisadores descobriram que o autismo está tão presente na vida do feminino quanto do masculino (cf. Simcoe et al., 2022). Um dos motivos para a diminuição dessa prevalência do autismo entre os homens é que, até pouco tempo, a maioria dos estudos científicos priorizava o recrutamento de meninos e homens, evidenciando a influência da sistemática patriarcal também na ciência, que foi construída, majoritariamente, pelos homens. Atualmente, os pesquisadores têm buscado a participação ativa das mulheres para o desenvolvimento de suas pesquisas e descoberto o quanto elas foram negligenciadas desde meninas, sobrevivendo a uma sociedade cruelmente machista e excludente sem apoio médico, terapêutico, educacional, social e até mesmo familiar no que condiz às suas singularidades e demandas de apoio. Não custa (re)afirmar[1] que o autismo não tem sexo.

---

1. Na dinâmica da escrita, optei por destacar o prefixo "re" (designativo de repetição, do eterno retorno). Quando as palavras estiverem acolhidas por parênteses, a indicação é

Com o advento da *Primavera Autista* em 2015, as PcA ocuparam as lacunas das redes sociais e se tornaram ainda mais protagonistas de suas próprias histórias, de seus modos de ser e estar no e com o mundo, e com as outras pessoas, sendo quem realmente são (cf. Teles, 2024). Para além do que a ciência vem trazendo desde 1926 com Grunya Efimovna Sukhareva[2], entre descobertas, acertos, falhas e negligências dos especialistas para com as PcA, a *Primavera Autista* floresceu e teceu novos e outros olhares sobre o autismo e, principalmente, sobre si mesma, des-locando-se[3] de lugares aos quais não pertencia, denunciando aquilo que lhe diz respeito e sobre o qual se cala despontando pelas mais diversas formas de expressão todos os seus afetos e sentimentos invalidados ao longo dos anos por gente normalizada que supõe que autistas não têm sentimentos nem empatia.

---

de mais de uma possibilidade de leitura e interpretação. Por exemplo, o termo "(re) construir", que diz respeito a construir, bem como a reconstruir no sentido de fazer de novo, de repetir a ação. No termo "(in)verdade", a leitura abrange a impossibilidade de haver verdades e não verdades absolutas; em "(des)consolo", indica o consolo e o não consolo como possibilidades de leitura e interpretação.

2. Grunya Efimovna Sukhareva (Ucrânia, 1891-Moscou, 1981). Psiquiatra soviética que trabalhou na área da psicologia infantil, foi a primeira mulher a descrever o autismo de maneira detalhada e estruturada (cf. Sukhareva, 1926), antes de Leo Kanner em 1943 (cf. Kanner, 1943). Sua descrição se alinha substancialmente ao que hoje está exposto no DSM-V (cf. American Psychiatric Association - APA, 2013).

3. Optei por destacar algumas palavras a partir do uso de hífen para evidenciar um processo em curso, de forma que a palavra não seja abstraída pelo leitor de modo imediatista, fixo e absoluto, des-conectado dos processos históricos e suas consequências. Por exemplo, no termo "des-humano", em que o hífen chama a atenção para o processo gradativo de se embrutecer e, paulatinamente, perder sua humanidade, ou seja, distanciar-se dos atributos da compaixão, da generosidade, da benevolência que constituem um ser humano tomado de humanidade para com o seu semelhante. "Des-abrigar", "des-cortinar", entre outras tantas palavras, têm, a partir do hífen, o propósito de instigar o leitor a interpretar o acontecimento enquanto processo.

Com as possibilidades de expressão e comunicação pelo universo virtual, as PcA – tanto as que oralizam quanto as que não oralizam – criaram novos caminhos para estreitar os vínculos entre si, a fim de movimentarem-se socialmente em luta por seus direitos, fortalecerem-se em amizades, produzirem recursos para seu autossustento a partir do hiperfoco, educarem a sociedade para que esta se torne mais acessível e inclusiva e compartilharem com o mundo tudo aquilo que elas podem ser se forem valorizadas em suas diferenças e tiverem oportunidades de atuação.

Nessa jornada em terrenos nem um pouco regulares e suaves – em especial, na última década –, muitas pessoas adultas com mais de 30 anos de idade – principalmente mulheres –, que foram sendo drasticamente feridas desde a infância por episódios de depressão, ansiedade, angústia, inquietação, insônia, problemas gastrointestinais, entre tantas outras questões desafiadoras, foram se descobrindo e se revelando na subjetividade tão singular do autismo. Acolhidas pela nova safra de profissionais da saúde mental compromissada com a humanização da medicina, especificamente da psiquiatria e da psicologia, essas pessoas receberam informações, conhecimento, acolhimento, apoio e orientações para compreender como o autismo impactou suas vidas desde a tenra idade. Na realidade, a maioria delas – especialmente as mulheres – é sobrevivente de uma época em que o autismo era concebido apenas como uma condição rara e severamente incapacitante (cf. Kanner, 1943).

Em tal cenário, as pessoas que não se encaixavam no quadro sintomático de um autismo raro e incapacitante foram sendo encapsuladas em estigmas associados a uma marca negativa e de menor valor. Elas foram caracterizadas e retratadas como estranhas, esquisitas, excêntricas, frescas, antipáticas, frias, inflexíveis, arrogantes e "sincericidas". Contudo, a *marca-sinal* que compunha a subjetividade dessas pessoas era, na verdade, o autismo em uma de suas expressões: a do atravessamento que exige menos suporte, sobretudo se comparado à vivência daquelas que necessitam de muito mais apoio e que têm menor autonomia em diversas áreas da vida em seu dia a dia.

Assim, é possível dizer que há *autismos*, no plural, e que cada pessoa na condição singular do autismo o experiencia de maneira única e incomparável. Nenhuma PcA é igual a outra em seu mesmo nível de suporte e cada uma necessita de algum apoio, seja ele emocional, terapêutico em diferentes áreas, medicamentoso, ou no planejamento de atividades cotidianas e/ou laborais – ou seja, toda PcA necessita de algum tipo de suporte e acessibilidade. A PcA que demanda menos apoio e tem mais autonomia do que aquela que necessita de muito suporte também vivencia a intensidade do autismo em sua vida: nos desafios, nas dores emocionais causadas pela intensidade do mascaramento do "seu autismo" e da camuflagem social em busca de aceitação no contexto familiar, escolar, acadêmico e, principalmente, laboral.

Embora o diagnóstico do autismo continue se repetindo por todo o planeta – independentemente de sexo, gênero, cor, raça, etnia, geografia, crenças, condição socioeconômica e *status* social –, as pessoas permanecem sendo únicas e singulares, pois as *pessoas nunca se repetem*. O autismo compõe a subjetividade de cada uma delas juntamente com tantas outras condições clínicas que também podem estar associadas, bem como com as condições culturais, sociais e educacionais que são experienciadas ao longo da vida e que também delineiam substancialmente a maneira única de ser, sentir, perceber e reagir ao mundo ao redor.

Particularmente, não defendo a tese de que o autismo define quem é o sujeito ou o aprendiz. Mas compreendo que o autismo, em conjunto com as demais condições mencionadas, constitui a subjetividade de cada pessoa, sendo cada qual única com suas qualidades, potencialidades, dificuldades e limitações. Por isso, respeitar as dificuldades e as limitações e valorizar as habilidades e as potencialidades é importantíssimo para o processo de inclusão da PcA, seja na família, na escola, na universidade ou no mundo do trabalho.

Apesar da insalubridade das relações humanas ultraexpostas e sem filtros no universo virtual, principalmente nas redes sociais, a possibilidade de se ter acesso à potência das PcA é um acontecimento revolucionário para a contínua construção de vias de acesso para uma sociedade cada vez menos excludente. Independentemente do nível de suporte e da presença da fala oralizada, elas têm se expressado e compartilhado seus pensamentos para milhares de pessoas por meio das tecnologias digitais – em especial, pelos diversos recursos das tecnologias assistivas.

Em cada PcA há um coração, um espírito e uma mente pulsante que busca algum caminho para se expressar e se comunicar consigo mesma e com tudo o que há no cosmos. Entre as muitas formas de expressão subjetiva e de diálogo com o mundo está a arte e toda a sua potência, que se manifesta por meio das artes visuais (pintura, gravura, desenho, escultura, cerâmica, arquitetura, fotografia e cinema), performáticas (música, teatro e dança), literárias (diversos gêneros literários), digitais (artes gráficas computadorizadas 2D, 3D e programação) e eletrônicas (obras de arte interativas que transmitem histórias; cf. Conheça..., 2024). Diversas PcA manifestam um interesse intenso pelas artes, nas quais costumam encontrar regozijo e potência para se dedicar às suas temáticas favoritas em seus eixos de interesse por muitas horas, em abundante concentração. A esse fenômeno chamamos de hiperfoco.

Em 2024, em meu livro *O autismo em meninas e mulheres: diferença e interseccionalidade* (cf. Orrú, 2024), abordei os estudos mais recentes sobre a presença do autismo no feminino, bem como a diferença e a interseccionalidade enquanto elementos constitutivos da subjetividade de cada mulher, de cada menina. Essas inquietações e esses desafios devem fazer com que a nossa sociedade evolua com mais respeito, sensibilidade e generosidade para com todas as PcA, sobretudo as mulheres, que são, no mínimo, duplamente impactadas pelos mecanismos de opressão e exclusão alimentados pelo sistema patriarcal.

Nessa perspectiva, o livro *A pele do vento: compreender e experienciar o autismo* resgata trechos, citações e questões cruciais abordadas pelo seu antecessor e se movimenta em um caminho ímpar, no qual a escrita poética se revela amalgamada à matéria da literatura científica a respeito de como o autismo pode impactar a vida das pessoas sensivelmente – em especial, das mulheres atravessadas por ele.

Fruto de minha própria forma de experienciar a vida na intensidade da sintomática do autismo, após mais de duas décadas escrevendo artigos e livros acadêmicos sobre autismo, educação, inclusão e diferença, compartilho parte de mim por meio de minha escrita poética e terapêutica, tecida sem regras e sem pressa, abrigada no meu hiperfoco em literatura e no meu desejo de continuar a desejar a vida em seu agora.

A seguir, nesta obra, pulsam meus versos e (re)versos tocados pela *pele do vento*, às vezes tão suave e (re)confortante, outras, tão avassaladoramente violenta, mas sempre intensa e em movimento.

Há braços!

*Sílvia Ester Orrú*

Outono de 2025

Em minha memória, sinto o que me lembro!

Por isso escolho Amar, Poemar e Voar...

(Sílvia Ester Orrú)

# 1

# Empatia

De acordo com a literatura científica, pessoas na condição do autismo vivenciam prejuízos na interação social, o que afeta seu modo de compreender o estado emocional de outra pessoa e de responder cognitiva e afetivamente às expectativas sociais que delas são esperadas (cf. Russ *et al.*, 2020).

Contudo, essa dificuldade não é sinônimo de incapacidade de ser empática; elas podem demonstrar à sua maneira, mesmo que discreta, talvez por meio de seu hiperfoco, ou de um olhar-sorriso sincero e sutil. As PcA não estão desprovidas de empatia; entretanto, podem manifestá-la de uma maneira diferente da convencional.

Mas e a sociedade na qual (sobre)vivemos é empática? Inversamente ao que se supõe quanto à incapacidade das PcA serem empáticas, é possível questionar qual o tamanho da indiferença e do des-interesse de nossa sociedade altamente excludente em relação às pessoas com deficiência, às mulheres, às crianças, às pessoas em desvantagem socioeconômica e àquelas de outras crenças e origens.

No caso explícito das PcA na fase adulta, essa indiferença da sociedade quanto às nossas demandas de saúde e acessibilidade está presente por toda parte, inclusive onde jamais deveria se encontrar, por exemplo: nos planos de saúde (ou seriam "planos de doença"?), nas universidades (berços que embalam e disseminam o conhecimento de geração em geração), como também nos centros de perícia médica, que, em seu absurdo poder absoluto, invalidam licenças para tratamento da saúde, laudos e relatórios médicos construídos e sangrados durante toda uma história de vida. É a biopolítica com todo o seu poderio e a sua perversidade emanando de todos os lados para todas as direções, acuando, oprimindo e legitimando as mais diversas e distintas formas de exclusão (cf. Foucault, 2008).

A habitual pressão social de gerar expectativas a serem correspondidas pelo Outro dentro de um padrão em parte preestabelecido pela cultura e pela tradição já assinala a problemática do que se entende por empatia em nossa cultura e sociedade.

- A empatia nas PcA costuma ter uma silhueta diferente do padrão social em sua forma de ser expressada. Isso não quer dizer que elas não têm empatia.
- Ao invés de julgar e criticar, acolha e apoie as PcA no desenvolvimento de habilidades sociais e comunicacionais, para que elas possam encontrar maneiras de melhor expressar a sua empatia.

## Pés que falam[4]

Pés que falam em silêncio gritante,
que gritam um pedido de ajuda,
que enunciam prantos,
que denunciam a indiferença dos poderosos,
que re-tratam a (in)visibilidade dos excluídos,
que sustentam um corpo cansado
e uma alma agoniada por sonhos que não passaram de um nó
na garganta.

Pés que um detalhe rosado deixa escapar a força de vida
e de sobrevida de mulheres pelo mundo.
Pés empoeirados pela sujeira pegajosa do patriarcado,
sangrados pela violência do subjugo da cultura machista,
cambaleantes e fugitivos dos arregaços de estupradores.

Pés que empurram
e se esperneiam nas mãos que dobram as pernas
para com giletes
censurar prazeres,
mutilar vulvas.

Pés de meninas-mulheres trocadas por camelos, cabras, dotes
aprisionadores.
Pés proibidos de irem à escola quando seu útero sangra,

---

4. Optei por diversificar os alinhamentos dos poemas, ora à esquerda, ora à direita da margem. Simbolicamente representa minha fuga às normas sociais, e, também, a instabilidade emocional pelo sofrimento, pela resistência, resiliência e até mesmo minha (re)existência em momentos intensos e complexos em que vingaram esses versos. A escrita acadêmica jamais me permitiria esse deslocamento; mas a poesia é vida pela arte, ela não é proibitiva.

quando um filho bastardo se aloja no ventre,
quando um casamento se arranja.

Pés de meninas-mulheres pelo mundo
que se ferem pelos cacos afiados da desigualdade e da injustiça social,
pela manipulação religiosa
que as torna propriedade submissa do macho que não sai dos templos.

Pés de meninas-mulheres que se arrastam resistindo,
que descansam para tomar fôlego,
que permanecem caminhando para um porvir
cuja única certeza é que amanhã será mais um dia de luta.

Pés de meninas-mulheres marcados pela dor que desperta resistências,
que suspira re-existências,
que coleciona cicatrizes e calos
que as tornam mais fortes pelos direitos de todas nós.

Pés de meninas-mulheres que as chibatas da opressão patriarcal
fizeram tropeçar
e o corpo ir à queda,
que a tortura rompeu a alma em lágrimas amargas
e o espírito as metamorfoseou em fantasmas que não podem morrer.

Pés de meninas e mulheres pelo mundo que querem ser livres
da violência e dos grilhões do sistema patriarcal
que consome nossas almas,
nossos corpos,
nosso espírito,
nosso sexo,
nossos prazeres,
nossa redenção,
nossas capacidades,
nossas próprias decisões.

Pés de meninas e mulheres pelo mundo
que falam tudo o que as bocas da hipocrisia
e da omissão machista
silenciam em nome de deuses, metal e poder.

Pés de meninas e mulheres que caminham pelo mundo...

## Juiz da dor alheia

A você, juiz da dor alheia, eu desejo que não lhe julguem:

quando você gemer por uma ferida necrosada em sua alma peregrina;

quando estiver sozinho sem seu travesseiro para cerrar seus dentes travando um choro doído entre a garganta e o céu da sua boca amarga, suturada pelo medo de que seu filho e quem acorda do seu lado enlouqueçam com o pranto de sua sanidade des-amparada;

quando suas lágrimas não lhe forem mais obedientes e transbordarem sua angústia aos pés de qualquer fariseu, na espera de uma meia palavra que lhe absolva do inferno dos vivos.

Que não lhe julguem quando, desesperado pela insônia que lateja, você confessar a um santo beato que a sua fé é minusculamente menor do que um grão de mostarda, impotente o suficiente para lhe desabar a esperança no Altíssimo pelas milhares de súplicas por socorro que não lhe foram respondidas em suas mórbidas madrugadas.

Eu desejo que não lhe cuspam na cara que sua tristeza profunda é falta de Deus e ingratidão, tampouco que duvidem da sua dor e des-prezem a sua presença miserável até mesmo onde não lhe podem ver.

A você, juiz da dor alheia:
que não seja necessário sofrer para ter piedade de uma triste moribunda,
perder a esperança para ser compassivo,
tremer de medo para ser conforto,
desistir de viver para lamentar seus anos sem com-paixão.

A você, juiz da dor alheia:
desejo que sobreviva ao seu próprio desejo de morte quando quase nada mais importar e parecer lhe segurar na Terra dos viventes,
quando seus castelos de ilusões se des-fizerem e seus olhos estiverem vermelhos e secos de tanto chorar,
quando tudo se fizer solidão cinza e gelada,
quando seu corpo sem energia adoecer de tristeza e sua mente estiver moída de canseira,
quando só houver dor e sofrimento dentro e fora de você.

Sim, quando só houver fôlego para mais nada fazer,
eu desejo que você sobreviva e viva intensamente para nunca mais julgar a dor alheia.

# 2

# Mascaramento do autismo

Nas meninas e mulheres, o autismo pode se manifestar diferente do que frequentemente se observa nos homens, sobretudo em razão da cultura predominantemente masculina que colabora para o desdobrar do mascaramento social no feminino.

Essa maquiagem é um mecanismo de defesa ativado pelas PcA, principalmente por várias meninas e mulheres, como um modo de ocultar as manifestações do autismo, com o objetivo de diminuir sua percepção por parte das outras pessoas. Esse dissimular se organiza por meio da imitação consciente do modo como outra menina ou mulher age, fala, reage, veste-se etc.

Décadas de mascaramento do autismo e camuflagem do eu real em sua essência deixam marcas profundas, que precisam ser (re)visitadas com gentileza, olhadas e encaradas com calma, re-significadas a partir do aprendizado constante do autoacolhimento e do autocuidado (cf. Orrú, 2024).

O mascaramento do autismo traz alto sofrimento psíquico e é gatilho para crises de sobrecarga emocional, sensorial e de esgotamento mental. O apoio à saúde mental é vital para o acolhimento da PcA, sua recuperação, sua autoaceitação e sua decisão de se colocar no mundo sendo ela mesma.

- O mascaramento do autismo é um mecanismo de defesa da PcA na tentativa de não ser excluída dos espaços sociais. É uma estratégia movida pelo desejo de ser aceita e pertencer ao grupo social.
- A educação social sobre as singularidades do autismo pode colaborar para a transformação cultural e a redução dos estigmas e dos preconceitos acerca da PcA.
- Acolher a PcA em espaços seguros, sem julgamentos, e demonstrar claramente que ela pode ser ela mesma são ações importantes para a promoção da inclusão e do bem-estar dessa pessoa.

## Ensaio

nunca saberei ao certo quem sou
sinto que apenas estou passando
tão minusculamente existo
sou um pó na poeira do nada
o ensaio de um rabisco que se apagará da lembrança de ninguém

sou vírgula incerta
um travessão de emoções represadas
não sou mais do que o vocativo daquilo que des-conheço de mim

no universo do meu caos travestido de calmaria
só a angústia me despe de mim
dela desisti de fugir
viro feto no meu útero de des-ilusões
entrego a ela minhas lágrimas engolidas

em meu silêncio ruidoso
ouço ela me sussurrar sem a ironia dos magos:
"partirei tão logo você me cuide"
seu eco me atravessa
imprime no meu coração que a realidade não pode ser fixada
tampouco será estática

escorrego mais uma vez na canseira de fugir de mim
da intensidade da angústia quero
sem chance
tentar escapar

vaga-lumes me confortam na lucidez dos meus delírios
escuto-me outra e outra vez me explicando sem pressa aquele enigma:
sou fragmento mutante da minha própria história
o restinho de perfume da minha criança que ainda brota em algum frescor de orvalho
e que dá asas à esperança esperançosa da minha vida

em metamorfose indomável
sem dúvida
serei, serei e serei
sem tempo de saber ao certo
quem sou na complexidade desse existir e re-existir sem ponto final

por que, então,
seria um pedaço de papel
rasurado por outro iludido animal semelhante
a suficiência de mim?

## Infernos

em quantos infernos ainda terei que me abandonar?
inútil é falar no eco
minha voz não tem asas
só amarras
quanto mais eu falo
mais minha cala me atravessa com espinhos fantasmas
cansei de mim
e de todos só espero o pior de mim mesma
tenho um sorriso a entregar
um bom dia a desejar
uma história para (re)contar
um amor para (des)amar
uma palavra para (re)confortar
um farol para partilhar
um poema para destruir
sou o simulacro de mim
um (re)corte do corte doado por um espelho trincado
quero quebrar o espelho
matar o arquétipo
incendiar o nome que recebi
me apagar de mim
escapar de todas as memórias da Terra
me fundir com o nada
cremar meus infernos
des-mascarar os paraísos.

E se eu me acordar do meu des-encanto do universo que
habita em mim
talvez, quem sabe
ainda irei ao encontro de algum girassol que me sopre na alma
um novo encanto.

## Volto pra te buscar

Amorzinho, tu és tão pequenina
são tantos sonhos!
Há coraçõezinhos no teu vestidinho
nos dois bolsinhos há gomos de esperança para um futuro bom.
Volto pra te buscar...

Oi, menininha, não te preocupes
tudo vai dar certo, acredita!
Eles dizem que o patriarca já cuidou do porvir – apenas obedece.
Sê boazinha, malcriada jamais!
Volto pra te buscar...

O tempo voa, estás triste?
Em breve, uma mocinha!
Falar é prata, calar é ouro – presta atenção!
Estuda bastante, faz como eles.
Volto pra te buscar...

Raiva pra quê?
Comporta-te, sê exemplo!
Se os machos têm coração?
Tranca teus segredos, engole teu choro e sê forte!
Volto pra te buscar...

Menininha, por que me encaras assim?
Fiz o melhor que pude, não vês?
Minhas escolhas, tuas consequências!
Olha ao redor, foca e segue.
Volto pra te buscar...

Quem sabe que tens medo?
Faz de conta que é com o Outro; ignores a tua dor e não olhes para trás.
Perna aberta não convém!
E as regras do pai e dos céus?
Volto pra te buscar...

Pariste? Teu ventre te abortou? Engole teus pedaços.
Marcaste teu corpo? Afogaste tuas tormentas?
Roseiras te tomaram a garganta?
Fogo amigo, quem merece?
Não te turbes!
Volto pra te buscar...

Mulher, admito que correste longe, mas e agora?
No teu cabelo neva.
Embargaste a canção?
Ainda não tive tempo, perdão!
Volto pra te buscar...

Amorzinho, olha pra mim!
Cruzei contigo todas as fronteiras inóspitas do patriarcado.
Estavas distraída lutando por nós, eu sei!
Não percebeste que eu lhe acompanhava?
Sentiste saudade?
Não me temas!
Deixa teu rio desaguar a beleza de tua coragem.
Colherei teu pranto para regar o jardim multicor da menina de nossos olhos.
Veja, nos bolsinhos ainda estão os gomos de esperança que me deste aos oito anos!
Vem, o horizonte nos convida a caminhar...

# 3

# Saúde mental

A sobrecarga sensorial e emocional, o isolamento social e o esgotamento físico e psicológico afetam intensamente a saúde mental das PcA, especialmente das mulheres atravessadas pelo autismo. No desencadeamento desse caos altamente dimensionado pela camuflagem social e em razão do subdiagnóstico no feminino, elas recebem menos atenção e apoio de profissionais da saúde.

Como consequência, no processo de internalização dos sintomas, elas sofrem com o aumento do estresse, as crises de ansiedade e os episódios intensos de depressão que precisam ser acolhidos e acompanhados pelos profissionais da saúde mental, visando à sua qualidade de vida e ao seu bem-estar (cf. Hull *et al.*, 2020).

A depressão é uma doença silenciosa, demora a ser percebida pela própria pessoa e, sobretudo, pelas demais. É uma das principais causas de ideação e tentativas de suicídio, e afeta a vida pessoal, social, estudantil e laboral, desdobrando-se em um profundo sofrimento psíquico e podendo resultar também em adoecimento físico.

Pode ser falta de Deus? Sim, talvez, mas exclusivamente nas pessoas que oprimem, que maltratam, que excluem, que forçam os limites da PcA ao insuportável, que não respeitam suas limitações, que invalidam suas demandas e não valorizam sua potencialidade.

- As PcA se encontram mais expostas à possibilidade de vivenciar episódios de depressão e ansiedade, os quais podem ser agravados por sua intensidade, chegando a ideações, tentativas e atos de autoextermínio.
- O isolamento social, o estresse intenso, as altas expectativas sociais e laborais, o sentimento de menos-valia em razão do preconceito, da discriminação, do assédio moral, da violência psicológica e do capacitismo social são alavancas que tornam a travessia da vida da PcA ainda mais complexa e fatigante.
- Não julgue, mas sim acolha e inclua.
- Valorize o potencial expresso no hiperfoco da pessoa. Não exija, na escola, na universidade ou no trabalho, mais do que ela pode oferecer ou suportar. Tenha empatia!

# Tristeza

Era 14 de dezembro do ano 1 depois da pandemia que açoitou a humanidade, nem parecia que o verão estava ali na esquina. A escuridão da noite ostentava a si mesma em um manto branco de densa neblina, o Cristo e o décimo segundo andar, onde eu anelava aquecer meus pés gelados, encontravam-se entubados. No meu delírio, talvez, eu pudesse pegar as nuvens encharcadas para lavar as feridas do meu coração multipartido e re-torcido de dores doloridas.

O uivo do vento ecoava pelo vale enquanto a solidão me era por companhia. Seu coro assoviado era tão alto e imponente tal qual a angústia que me amarrava o fôlego encurtado no peito, gritando todo meu silêncio barulhento.

Com a alma na ponta dos dedos, esforço-me em respiros profundos, pausados e sequentes para escrever alguma frase de um futuro parágrafo que me seja, daqui a um minuto, quiçá por agora, uma linha de fuga dos meus "ais" regurgitados que se amontoam no meu útero e, por algumas décadas, sangram.

Minhas lágrimas e minha escrita me ignoram, não mais me levam em conta. Finjo secar corredeiras (in)submissas de colírio enquanto a poesia não me acaricia e as palavras que eu queria por perto se escondem de mim em algum lugar secreto por detrás da minha íris infante, refúgio de mim mesma.

Busco na lógica da razão e no baú acinzentado dos esquivos uma poção turquesa e um bordão de fogo que me ressuscitem a alegria.

Meus joelhos cansados tolhem meu ímpeto de correr a liberdade sem ter dia pra voltar.
Minhas asas verde-néon se recolheram pálidas diante da tempestuosa ventania de des-ilusões. Nem voar para a esperança eu posso.

– Há de amanhecer – sussurro devagarinho à minh'alma cansada.

Resisto. Re-existo!
Não quero receber a visita da tristeza, não lhe dou confiança; recordo-me que incontáveis mulheres duelam com piratas--zumbis. Penso nelas para desviar meu olhar da cicatriz aberta que me atravessa até os rins.
Recordei-me que há muitas luas minha voz havia se encontrado com a Guardiã dos meus segredos. Tenaz e ligeira, pensara que atalhos me abduziriam do corredor estreito da angústia e da melancolia. Mas com seu olhar firme e terno, abraçou-me com cuidado e me replicou sem rodeios: – Não tenha medo, olhe com tempo de atenção e sutileza para tudo o que encontrar pelo caminho; se preciso for, use suas lágrimas para navegar e descanse no acolhimento de si mesma.
Eu sabia que o rizoma do des-prazer e da tristeza se encontravam alastrados por aquele corredor monocromático que me dava arrepios.
Teimei em prosseguir a travessia por atalhos, pois a Guardiã poderia estar equivocada. Segui sem olhar para trás em busca de frascos mágicos de adrenalina que me enchessem a alma e o pensamento de energia para continuar minha viagem pela imprevisibilidade da vida. Mas a multiplicidade intensa

das muitas emoções contidas no meu espírito voluntarioso atolavam-me até a cintura e minhas pernas pareciam ser puxadas para as profundezas abissais do meu pântano interior. Esgotei-me.

É madrugada, sinto frio por dentro. Mordo os lábios. Levanto--me devagar para que meus tornozelos se acordem. Meu coração galopa. Respiro, respiro de novo e outra vez.

Nua me coloco sob a queda das águas cálidas de meu chuveiro. Fico ali...

Dou-me um tempo quietinha, o calor da água me aconchega e seu vapor me renova o respirar. Sinto-me melhor, apesar do nó na garganta que me aperta sem dó.

Decido me despedir do arco-íris dos atalhos sorrateiros: choro, pranteio, lamento...

Com os olhos embargados pela água e pelas lágrimas que se amalgamaram, olho para mim mesma com-paixão, consigo desmanchar o laço apertado que me estrangulava com a espinheira de cada choro engolido.

Afeiçoo-me à minha dor, envolvo em segurança minha criança ferida e des-amparada, navego em minhas lágrimas.

Meu corpo me sorri, e as minhas vívidas tatuagens proseiam comigo sobre meu ontem e meu agora: – Quanta vida na Vida!

Acolho-me, faço-me carinhos, converso com a minha história, des-alimento os demônios da culpa, digo "olá" à tristeza e me ajeito para escutá-la, sensivelmente só, comigo mesma. Fico ali, acalentada, abraçada em mim.

As palavras da Guardiã passeiam por minha memória. Pacientemente, ouço a voz da tristeza, não a expulso de minha presença, dialogo em soluços, faço as pazes com ela.

Respiro fundo, de novo e mais uma vez, sigo como um mantra...

Abro meus olhos, minha criança me abraça.

Vejo pela janela o despontar dos raios do sol.

Amanheceu!

# Canoa

estou um mar de tristezas
onde a canoa dos meus desejos se encalhou
nas ondas imensas das minhas lágrimas
nascentes da morte do meu eu
que morre de tanta saudade da minha alegria

estou no corredor da minha garganta
bati com o coração na pedra bruta de um diamante
me arrebentei no vazio do meu silêncio
perdi a voz

estou no outro
nos outros
colada em alucinações do real
me movo no tempo
me arrisco em linhas de fuga
não me quero como estou

a paciência da loucura me escapa
meu corpo me estranha
avisto as amarras
um peso de dores tragadas
trancafiadas
a cala que me molda a fala me maltrata

o mal-estar me embriaga
estou minha angústia
que sufoca meu gozo
me enjoo no tsunami do tudo e do nada
do excesso e da falta

me lembro de respirar
resgato o eco da Guardiã dos meus segredos
me busco na escuta de mim
me dou passagem à travessia

soluço para folegar
com a boca agarro as fissuras da minha garganta
escalo me escorregando
no limbo dos prantos esquecidos
falo minha voz

gotículas de desejos me hidratam
entrevejo à tona meu êxodo
encarno em minha carne
me sinto
me falo
me ouço

me torno canoa de mim mesma
nas águas de todos os mares e marés
desejo desejar
na incompletude complexa de mim mesma
incessantemente canoar

## Em mim (1)

um mar de tristezas...
de novo...
por quê? – me pergunto... por quê?

o dia e a noite estão cinzas com as chuvas da primavera
em mim não chove
as lágrimas me secaram a alegria de viver
sobrevivo em um coração apertado
estou murchando no inverno do meu deserto

não há deus, nem Deus, nem deusas, nem outras ilusões que me livrem
quem me ama não me vê por dentro
em mim tudo chora
estou mais só que os meus fantasmas
saudade de mim criança

quando menina
às vezes
também doía
apertava
por quê?
– me pergunto
por quê?
mas havia uma diferença do agora:

tudo me era companhia linda:
os passarinhos, as árvores, as borboletas, o cheiro do mato e do vento, as formiguinhas, as pitangas, o bem-te-vi, os meus

livrinhos e todos os meus sonhos iluminados por vaga-lumes
graúdos

hoje
quase tudo está igual

só os vaga-lumes que se foram e,
distraídos,
levaram junto os meus sonhos

## Em mim (2)

em mim tem mais saudade de mim
de quando eu me existia mais de mim mesma do que dos outros
daquilo que eu não sabia que tinha que saber por causa dos outros
da lágrima que, rindo, corria pelo joelho esfolado na arte de ser moleca

em mim tem uma baita saudade do meu coração ansioso
ansioso por correr descalça na grama ainda molhada pelo orvalho da madrugada
por pular a cerca da vizinhança azeda sem pedir licença para o mundo
encher a dobra da camiseta de pitanga, ameixa, araçá, caqui--café e mexerica

um coração inquieto por brincar de polícia e ladrão
sem ver um ladrão no meu amigo
nem a polícia no meu inimigo desfeito em um trato de minguinhos "estou de bem"
um coração ofegante de pular de uma perna só sem imaginar que possam matar o Saci
um coração desassossegado pelos 17 segundos que faltam para o recreio
pelo medo de marimbondinhos furiosos entre as folhagens da minha pequena floresta

em mim há uma falta e um desejo incomensurável de mim mesma

de tudo aquilo que eu era sendo
tão somente sendo
sendo meu riso
meu lugar de brincadeira
meu mundo de sonhos que podiam ser tocados
sendo a minha própria felicidade sem ter que pagar pedágio
para o futuro

em mim-mulher minha criança dorme triste
há uma sobra do resto dos outros
de suas promessas trajadas de mentiras
do veneno de suas crendices sacras e profanas
da hipocrisia de suas profissões de fé cristã, ateísta e inclusiva
do mau-olhado colado em seus discursos, ritos e sentenças
do enjoo de tudo ser sempre igual no mundo dos mortos-vivos

em mim-mulher minha criança dorme
não mais que dorme
meu espelho é que é triste
mas ela apenas dorme
e me aguarda regressar

## Em mim (3)

em mim
me abandono
sem dono
sem sono

caio sem fim
sem mim
sem nada
comigo

me jogo
de mim
em mim
para mim

mordo memórias
grito silêncios
nada sinto
de tanto sentir

me caço
descalça
nua
me chamo

me ouço
distante
tão perto
de mim

## Melancolia

Uma melancolia me invadiu e eu sangrei.
Faltou-me o chão, desabei.
Fecho meus olhos para me sentir acordada para mim.

No meu íntimo tenho um esconderijo,
um lugar para des-cansar do caos humano,
ali minha criança me guarda.

Amalgamada com a natureza,
a terra úmida me acolhe,
sou parte dela hoje e sempre.

O céu abraça meu olhar e me leva para o alto,
para um mirante que apequena todos os problemas que me
assustam com as suas sombras volumosas.

O sol me é generoso,
enxuga minhas lágrimas des-obedientes
e me faz transpirar esperanças de um dia bom.

Ajeito meu corpo,
meus braços apoiam a minha cabeça
enquanto olho as nuvens que me fazem gracinhas
com desenhos fofos e engraçados.

Eu me distraio,
ensaio um sorriso,
celebro a Vida viva.

No baile das árvores,
os passarinhos me mostram como sabem se desviar das

rajadas de vento forte,
batem suas asinhas coloridas
e des-nudam meus fantasmas com seus cantos.

Há um rio de águas brincalhonas e imprevisíveis que
respingam em minh'alma.
Às vezes um beija-flor me recolhe das águas para alimentar
minha coragem junto ao girassol amarelo.

Sinto-me melhor.
Meus pés já querem caminhar,
meu coração também.

# 4

# Camuflagem social

A camuflagem social é composta de estratégias que disfarçam e ocultam as características do autismo para as outras pessoas. É utilizada como um mecanismo de defesa que, ao longo do tempo, traz grande angústia e acentua a possibilidade de problemas de saúde mental, principalmente nas meninas e mulheres com autismo, afetando, inclusive, sua própria identidade.

A camuflagem social passa a ser entendida como algo necessário para sobreviver em um mundo projetado para uma maioria de não autistas. Adultos na condição do autismo que trabalham há muitos anos e são reféns da camuflagem social e do mascaramento de "seu autismo" também podem sofrer grande esgotamento em razão do acúmulo dessa sobrecarga ao longo do tempo (cf. Chapman *et al.*, 2022). De acordo com os estudos de Bradley *et al.* (2021), adultos com autismo relataram que a camuflagem social pode ter um efeito devastador em sua saúde mental e seu bem-estar.

- A camuflagem social é uma forma estratégica para disfarçar ou ocultar comportamentos (estereotipias, rotinas, rituais, sensibilidades, literalidade, interesses restritos, entre outros) característicos do autismo no esforço de se adaptar aos espaços sociais e ser aceito pelas pessoas.

- O custo desse esforço – que pode ser consciente ou inconsciente – impacta drasticamente na saúde mental da PcA.
- Acolher a PcA e mostrar com clareza e segurança que ela não precisa se encaixar no padrão social preestabelecido para ser aceita no grupo ou no espaço de trabalho é fundamental para seu bem-estar, sua saúde mental e, inclusive, seu desenvolvimento, seu desempenho e sua produtividade.
- Ninguém (com ou sem autismo) deveria sentir que precisa se encaixar para ser aceito e valorizado pelos outros. Somos todos diferentes! Essa é a beleza da vida, pois, no fim, todos passaremos.

## Um século em mim

Tenho suspiros de um século em mim
sem vírgulas ou pontos para descanso
a dor dói pungente
meu coração chora
meu útero pranteia
minh'alma lamenta
meu espírito grita em silêncio
eu tento me conectar comigo

quero ignorar a dor
desvio meu olhar
corro atrás do vento
gargalho para a tristeza
ajeito os galhos da roseira
os espinhos me ferem
abuso da minha coragem
ignoro-me

calei-me
silenciaram-me
sufoquei-me
maltrataram-me
neguei-me
riram-se

Tenho suspiros de um século em mim
Joguei-me água no rosto
Dei-me um banho quente
Sentei-me comigo mesma

Conversei com minha dor
Abracei minha criança
Ela se enroscou em mim
Aceitei sua alegria
Acolhi minha tristeza
Acalmei minha fúria
Doei-me amor

Tenho suspiros de um dia em mim
Levo-me para um passeio
O vento me acaricia
Aquece-me o sol
Árvores me sussurram alento
Verso-me com a natureza
Suas cores me sorriem
Tomo um banho quente
Faço-me carinhos
Uma sopa me conforta
Suspiro, respiro, inspiro, expiro... repito
Acolho-me.

Tenho respiros de vida em Vida em mim.
Escuto-me,
Abraço-me,
Aceito-me,
Fortaleço-me,
Curo-me,
Vivo-me!

## O desejo e o arrasto

Quando eu era menina, o desejo me sentia e eu sentia o desejar.
Era um fazer-me de delícias, de deleites, de amores pela vida e na própria Vida.
Bailava de contento com a alegria que me tirava para dançar, sem sapatos, sem rendas, sem costuras apertadas.

Pé na terra era sentir-me naturalmente livre, leve, curiosa e contente.
Pé na terra não era deixar de sonhar, tal como a adultez berrava ao megafone.
Era experimentar a curiosidade, a umidade, o frescor e o calor do desejo,
o desejo pela alegria de me alegrar.
Isso mesmo, pela alegria já era o suficiente para de novo desejar o desejo de viver.

O desejo sussurrava no coração da minha menina: olhe para o céu!
E sabendo que sua mãe logo a chamaria para dormir,
sem demora, ela erguia os olhinhos às alturas, à espera do que as estrelas poderiam lhe contar.
Sem conhecer o temor e os pesares dos arrastos da ventania, recebia o friozinho do vento sul como um "boa noite" de sua Mãe Natureza.

Fui dormir, acordei-me mulher.
No intento de me maturar, de agarrar as hostilidades da vida pelos chifres e dominá-las,

pus para dormir a minha criança e, junto a ela, abraçado, o desejo dormitou.
Calcei-me, camuflei-me, trajei meu corpo e meu pensamento com couraças à prova de des-humanos.
Vesti-me o espírito de coragem e segui firme.

A ventania me alcançou a alma.
No entre-não-lugar da alegria e do desejo,
um vácuo de arrastões me sitiou e a dor se fez leme nas bifurcações.
Travei batalhas, ocupei espaços, fiz-me.
Sem pestanejar, por certo que venci.
Mas sentia-me apertada nos entalhes, nos encaixes,
engatada na ré das normativas sociais estreitas, imputadas, fixadas por não-robôs.
Meus zelos eram mais arrastos do que desejos, movidos por mais dores do que amores.
Depois do olho do furacão, moí-me na exaustão, no esgotamento de mim mesma.

Volto-me, hoje, quatro décadas depois,
a prosear com aquela menina,
a escutar sua voz, sentir sua sabedoria,
a ouvir seus desejos para estiar o temporal de tristezas
e me escudar do ímpeto dos arrastos sociais que me machucam.

Volto-me para meu jardim florido à beira de um rio límpido de possibilidades.

Des-aperto-me das linhas duras, des-colo-me do que não me pertence.

Cultivo minha terra-alma com o tempero da alegria e da gratidão.

Chamo a Mãe Natureza para me ninar todos os dias.

Abraço-me na menina que me conduz a mim.

Sinto-me feliz, às vezes triste, mas me sinto!

## Solitude

Minha solitude:
atitude,
meu caminho em
des-caminho,
sol de (in)completude em um universo de (in)finitudes.

Assim me sou,
me faço,
me (re)corto de pedaços,
por vezes inteira,
por outras sem beira,
comigo passeio,
anseio,
receio,
comigo só,
comigo mesma.

Não há silêncio
em meu silêncio,
nem solidão na solitude.
Há guerra em minha paz,
dúvida na certeza,
pranto no sorriso
e ninguém na multidão.

Só eu sei o que não sei,
o quanto sinto o que não sinto,
sem espelho é que me vejo,
nas fendas me transbordo,

das lágrimas faço chaves e
das des-ilusões portais,
alguns dias sou ponte,
outros sou sapo.

Não há ninguém na solidão,
mas tenho a mim em solitude,
nos outonos e nas primaveras me acompanho,
nos verões e nos invernos me sou abrigo,
nas fronteiras entre o fim e o início
sou a ventania e o fogo que me tornam caos.

## Parti de mim

Parti de mim vestida de coragem,
calçada de honra,
perfumada de uma alegria rara, sucinta do meu próprio coração.

Parti certeira de mudar o mundo,
de virar a mesa da miséria,
de colher no deserto os mais lindos girassóis que eu semearia até fora de estação.

Tão criança, parti de mim,
deixei-me num cantinho para me fazer mulher adulta,
ser alguém na vida, ser a vida de alguém.

Parti de mim para o mundo do outro, dos infinitos outros,
para o horizonte inalcançável da vida madura feliz,
parti rumo à expectativas empoeiradas de ideologias, anjos, demônios e fantasmas.

Parti de mim e
no mercado da sobrevivência adquiri fantasias,
máscaras e lentes resistentes à lágrimas.

Parti de mim faz tanto tempo que nem me lembro porque mesmo eu parti.

Parti de mim sem parte de mim.
Que dor tão insuportável pode ser para sempre remediada?

Parti de mim...

Estou com saudade,
sinto a minha falta,
quero voar com a minha criança,
abraçar o seu sorriso,
amar a sua lucidez.

Estou de partida,
de volta para mim.

# 5

# Alta sensibilidade

O conceito de Pessoa Altamente Sensível (PAS) se tornou conhecido e foi popularizado pela psicóloga e pesquisadora estadunidense Elaine Aron (2021). A alta sensibilidade é uma característica específica que pode estar presente na vida de algumas PcA. Nem todas elas são altamente sensíveis; algumas manifestam hipossensibilidade, pois o autismo não se restringe à sensibilidade sensorial (cf. Gomes *et al.*, 2004). A depender dos momentos, contextos e circunstâncias da vida, uma mesma pessoa pode vivenciar tanto a hiper quanto a hipossensibilidade. A manifestação do autismo é sempre singular em cada indivíduo que o experiencia.

Embora possa trazer grandes desafios sensoriais e vulnerabilidade ao estresse em razão da sensibilidade ser mais acentuada do que na média da população, a alta sensibilidade pode também ser celebrada como uma qualidade ímpar, que dá a oportunidade de compreender e sentir a vida de maneira única, profunda e intensa, percebendo minúcias e belezas do dia a dia que costumam passar despercebidas às outras pessoas.

As PcA também se beneficiam de experiências sensoriais agradáveis, excitantes e tranquilizadoras a partir de sensações relacionadas a certas texturas, superfícies lisas e frias, músicas favoritas, sabores prediletos, sexo e outras vivências proporcionadas por diferentes estímulos – como o contato com a natureza, com a arte, com os esportes e as atividades físicas que lhe são prazerosas, com os animais, com a água, com o próprio hiperfoco e seu eixo de interesse –, entre muitas outras possibilidades que variam de pessoa para pessoa (cf. Orrú, 2024).

Quem dera que a sociedade na qual (sobre)vivemos abrisse mais caminhos para que as PcA se despertem e se revelem na potencialidade de seus hiperfocos, de suas ímpares sensibilidades.

- O conceito de Pessoa Altamente Sensível (PAS) se relaciona a uma característica muito peculiar que pode estar presente em pessoas com ou sem a sintomática do autismo.
- Nem todas as PcA têm a característica de serem altamente sensíveis.
- Não julgar e minimizar, mas compreender, reconhecer e validar os sentimentos da PcA que é altamente sensível é fundamental para que essa característica flua como potência e motivo de celebração por ela mesma nos diversos espaços sociais – em especial, nos espaços laborais em que suas contribuições poderão se revelar diferenciadas.

## Bem-te-vi!

– Bem-te-vi – ela ouvia o passarinho simpático, de peito amarelo, dizer.

Pequenina, crescera em meio à mata, ao perfume dos pinheiros, das damas-da-noite, das araucárias, dos eucaliptos inquietos que resplandeciam verdejantes pelos raios do sol e pela bonança das chuvas brandas.

Na primavera, seus olhinhos se enchiam dos buquês redondinhos das hortênsias que coloriam o seu caminho com doçura lilás, azul, violeta e de um rosinha discreto. Que lindeza toda Vida!

De repente: – Bem-te-vi! Correndo de abraços com a Vida, erguia sua alma, buscava enxergar em que copa o passarinho estava a lhe cuidar.

Cada dia era único, belo, colorido e perfumado. Machucados, tinha muitos: joelhos esfolados e farpas enfiadas nos pezinhos que se agarravam às cinturas das ameixeiras, das goiabeiras, das mexeriqueiras ardidamente cheirosas, dos pés de caqui-café, das excêntricas uvas-japonesas e das mangueiras, que não economizavam sabores e amores que preenchiam sua felicidade.

Aprendera cedo que os espinhos fazem parte da florada da vida. Analisava cada qual espalhado pelos galhos das roseiras, respeitava sua potência. Às vezes, pedia à roseira amarela que lhe emprestasse um de seus botões para oferecer à sua mãe ou à sua professora. Com cuidado, cortava o galho bem no segundo nó para que ele não se desfiasse ramo afora.

Antecipava que um furo no dedo seria quase inevitável, mas se animava com os sorrisos e os beijinhos que ganharia e, de bônus, encantava-se com a generosidade do perfume da flor que ficaria em suas mãos.

A vida lhe era um primor, uma aventura de "agoras" emocionantes. Na biblioteca da escola do bairro, a Barsa lhe desvendava mistérios e lhe contava segredos com fotografias que lhe espantavam com quanta coisa curiosa havia no mundo. Exploradora, ela decidira ser.

Não havia tédio que a capturasse. Durante o outono, no retorno para casa, pisar as folhas secas para ouvir seus estalos era marcar o ritmo musical de sua alegria pela companhia de cada árvore arteira, alegria de sentir a esperança de que o medo não existe.

Obedecia a seus pais, não demorava a cumprir suas obrigações, quanto antes as concluísse, mais tempo teria para brincar no entardecer.

– Veste uma blusa – dizia seu pai. Sua mãe só observava, sabia que era em vão o conselho. Seus cabelos castanho-claros, compridos quase até a cintura, riam soltos ao vento. O brilho das pupilas escuras não camuflava que toda Vida do mundo lhe corria nas veias. Não havia tempo ruim e, afinal de contas, existiam todos aqueles vaga-lumes meio verdes e meio amarelos para lhe avisar que já era noitinha, quase na hora de jantar e dormir.

– Bem-te-vi, bem-te-vi! A essa hora, o tom já era mais baixinho, seus amigos que lhe queriam todos os dias tão bem aninhavam-se para repousar.

A vida era simples, o dinheiro não dava até o fim do mês. Mas, o que não iria lhes faltar, seu pai ensinara a repartir; e sua mãe lhe recordava que na gratidão está a fartura.

Amava seus amiguinhos da rua. Escondida da mãe, pulara o muro um milhão de vezes para brincar de pique, esconde-esconde, queimada, pula-mula, passa-anel, salada de frutas e, claro, de médica e professora também.

Brigas, lidava como dava; às vezes, saía no tapa. Rancor, nem pensar! Resolvidas as tretas, em bando batiam palmas junto às cercas das casas de madeira, abarrotadas de jabuticabas e pitangas caídas no chão. Avareza e humor azedo nem faziam conta; na recusa da fruta desperdiçada, era certeira a invasão do quintal.

Nos anos oitenta, nem toda casa tinha campainha. Na ponta do pé, dava uma espiada ao redor, punha-se alerta com mais uns três sapecas, sorrindo com os olhos, apertava fundo o botão do dim-dom. Disparada, corria, corria, corria até a outra esquina, onde havia um bar em que comprava um picolé de uva, outras vezes de limão.

Não recrimine a menina! Era apenas uma borboletinha feliz. Não sabia, ainda, que existiam adultos traumatizados com campainhas, nem velhinhos sem andar, nem mães cansadas de ninarem seus nenéns com cólicas, nem amantes em camas alheias, nem homens alcoolizados e violentos.

Os dias lhe eram dias e as noites lhe eram apenas um tempinho para descansar e, ao amanhecer, brincar um tantão mais.

Repartia seu mundo com a vingança das abelhas que se enroscavam em seus cabelos e lhe metiam os ferrões na cabeça quando não corria o suficiente depois de lhes tomar os favos de melzinho. Chorava de dor, mas só um pouquinho. Enxugava as lágrimas e matutava como pedir à sua mãe que não lhe deixasse de castigo por teimar em mexer com aqueles bichinhos nervosos. Cheia de coisas para fazer, a mãe

parava tudo, lavava as mãos, pegava uma faca sem corte e se punha a aliviar os inchaços e a caçar os ferrões ainda em riste.
Sua vida era Vida. Em muitas tardes, lá pelas quinze horas, sentava-se na grama, perto da beira da calçada do lar de idosas, em que mulheres bem velhinhas, refugiadas da Segunda Guerra Mundial, vinham tomar sol. Com forte sotaque alemão, elas narravam suas histórias de uma vida muito diferente que havia ficado no passado, lá no velho continente. Curiosa, um dia perguntou a uma delas, que usava sempre um bonezinho, o que era aquela tatuagem de números em seu braço esquerdo. Com poucas palavras e semblante austero, disse que viera da Polônia e que toda a sua família havia sido morta na câmara de gás. A menina não entendeu muito bem, tinha ainda seus 11 ou 12 anos. Ao comentar com seu pai, recebeu a explicação e, junto, um mapa e dois livros de história sobre as atrocidades realizadas pelos nazistas naquele tempo de guerra.
– Bem-te-vi! Literal, ela se alegrava que o passarinho replicasse que estava lhe vendo bem. Nunca se sentia só.
Em certas tardes, queria fazer algo diferente. Pedia emprestada ao seu pai a Olivetti cinza para se aventurar a inventar histórias. Uma vez, aos 8 anos, ele lhe disse que, se ela quisesse, poderia se tornar uma escritora de livros infantis. Assim, apaixonou-se por escrever e nunca mais parou. Se bem que às vezes se irritava com os erros de datilografia, num tempo ainda sem corretor líquido. Impulsiva, puxava com força o papel do cilindro, gostava daquele som produzido. Sem pensar, amassava o papel e, com ele, desfazia-se daquela criação, hoje, irrecuperável.

Dava um tempo até passar a raiva. Pegava uma caneca com água e sabão, mais um canudo de caneta velha, sentava-se na grama a soltar bolinhas de calmaria e esperança.
Ficava também surpresa com o tamanho dos formigueiros que encontrava na floresta de seu mundo. Cutucava-os com o palito do picolé até conseguir ver algumas ruas por onde as formigas se aceleravam carregando folhas e insetos mortos que eram o dobro de seus tamanhos. Chegou à conclusão de que as abelhas, as formigas e sua mãe tinham algo em comum: a organização e a disciplina. Entendeu que isso poderia ser bom para ela também.
Um dia ouviu seu pai comentar que havia um padre chamado Leonardo Boff que era muito criticado por ter escrito um livro com o título de *Jesus Cristo Libertador*, diziam que ele era um comunista. Ela não sabia qual era o significado de comunista, mas achava Jesus, seu pai e o tal padre meio parecidos em ideias e atitudes. Aos fins de semana, acompanhava o pai pelas ruas de bairros muito pobres da cidade. Ali, aprendeu que muitas crianças como ela, cheias de sonhos, sofriam, passavam fome, não frequentavam a escola. A mãe sempre separava as roupas que já não lhe serviam, reunia alimentos com outras mulheres e mandava que ela acompanhasse o pai na entrega desses itens àquelas crianças pobres e suas famílias. Assim, ela aprendeu que a pobreza é relativa e flutuante, e que tinha tudo o que precisava para se sentir bem e segura. Essa experiência lhe cunhou a vida.
Os dias se passaram, os anos também. Alegrara-se muito com os bebês dos colibris e dos pardais saindo dos ovos e criando

asinhas para se tornarem independentes. Igualmente, nutria sua perseverança observando a arquitetura e a construção de casas pelo paciente joão-de-barro. Cada encontro surpresa com gigantes borboletas turquesas transbordava seu coração de amor pela Mãe Natureza.

Não aprendera a se sentir sozinha, seu pensamento voava perfumado com tudo de bom que a brisa e o vento lhe traziam. A leitura de tantos livros lhe pegava pela mãozinha em viagens incríveis e fascinantes. Ela tinha fé no Criador daquela belezura toda, fé na Vida, fé em si mesma e ainda podia escrever.

Com amor, sua criança nunca a deixou. Em seu coração, abriu uma nascente que, nos dias mais hostis do mundo dos adultos, oferece a ela água de coragem, brota-lhe um frescor no espírito, renova-lhe as energias e os desejos.

Bem-te-vi, minha criança, bem-te-vi – sei que estás aqui.

## Tenho um eu em mim

Tenho um eu em mim que não fala contigo,
que cala e molda palavras com destino,
que se veste de lágrimas que não escorrem à sua mercê,
que se cobre de sombras diante de tua covarde e hostil
hipocrisia.

Tenho um eu em mim com uma íris tempestiva,
sensitiva ao des-amor,
desviante do tédio que tu me causas,
profunda de amores e fervores,
uma íris colorida que escuta em preto e branco o teu sussurro
falseante,
o teu espirro traidor.

Tenho um eu em mim que não quer teu beijo,
teu abraço,
teu laço,
que não ouve o teu "acho",
que não aprecia teus sapatos, teus atos, o riso de teus lábios,
tua vã sabedoria, teu vômito de preconceito.

Tenho um eu em mim que nunca sentará contigo,
não comerá à tua mesa,
nem beberá do teu vinho,
jamais gozará com a tua companhia trajada de certezas sem
janelas ao intangível horizonte.

Tenho um eu em mim que existe em uma linda floresta de
afetos,
que passeia em asas de borboletas falantes

e depois descansa no balanço tenro dos infantes bambuzais,
que mergulha nos mares de arco-íris sem fim
e sonha alçar alegrias no colo do desejo ainda desconhecido
pela alma.

Tenho um eu em mim que é mágico como um portal do
Tempo,
um quasar turquesa rosado,
um poema sem vírgulas e pontos,
sem fronteiras e sentenças,
sem muros e juízes.

Tenho um eu em mim,
um abrigo para loucos e intensos,
um lugar de melodia para os angustiados pela justiça mesmo
que tarde,
famintos pela singeleza da nudez eterna,
caçadores dos faróis das mais densas emoções que só o agora
pode parir,
amantes insaciáveis de vida franca,
escaladores de esperanças e tons mais altos de amor e calor
que os hinos e os sinos não podem tocar.

Tenho um eu em mim,
uma criança que voa para o alto das montanhas onde repousa
a senha de seu pequenino coração pulsante,
um enigma guardado por girassóis negros,
assoviado por mamães sabiás no silêncio da consciência dos
mais generosos peregrinos:
aqueles que abraçam aos que sofrem com seus ouvidos
guardiões.

## Ando comigo

ando comigo
acompanhada de mim
sentindo palavras
mordendo silêncios
tocando fragrâncias
do horizonte mais belo
do momento singelo
no qual meu Agora
já é meu passado
talvez aliado
uma fresta de memória
um pequenino vulto
do meu desejo
de me Ser quem sou
sem mordaças de seda
longe do baile de máscaras
no colo da minha Criança
tão serenamente imensa
energicamente intensa
um abrigo sem trancas
meu destino no Amanhã

# A Voz do Vento

A Voz do Vento
escuto,
respeito,
abraço o convite azul para o encontrar,
amo-o
e aceito seu carinho na minh'alma,
só há o Agora e nada mais!

Voar!
Só Eu, o Vento, minhas asas e a Mãe Natureza!
Que privilégio!
Um presente da vida que me enche o peito de alegria,
simultâneo ao escoamento do que me faz doer o coração.

Não há angústia que resista ao privilégio e a alegria de voar.
Voar é uma forma de amar a si mesmo e a Natureza que nos abraça.

# 6

# Hiperfoco

O hiperfoco diz respeito a um interesse intenso e imenso sobre um tema, uma atividade, um objeto ou um conjunto de estímulos, possibilitando atenção aumentada, maior engajamento em determinada tarefa, melhor desempenho e capacidade de concentração a ponto de reduzir a consciência sobre o ambiente ao redor, como se houvesse um bloqueio (cf. Ashinoff; Abu-Akel, 2021; Dupuis *et al.*, 2022). É um fenômeno muito presente na vida das PcA, independentemente da idade e do gênero. Entretanto, nem todas elas apresentam hiperfoco.

Em determinadas circunstâncias, a depender de cada pessoa, o hiperfoco poderá trazer dor e sofrimento, principalmente se houver o apego a um tema ou objeto que possa lhe colocar em situação de perigo ou vulnerabilidade. Nos casos em que o hiperfoco gerar dificuldade extrema para dedicar tempo à alimentação, ao autocuidado e à realização de outras atividades que lhe sejam necessárias para seu bem-estar, é aconselhável buscar um profissional da saúde mental para apoio, intervenção e cuidado.

Narrativas de mulheres na condição singular do autismo revelam que seus temas de hiperfoco foram importantes ao longo de suas vidas, em todos os sentidos. Entre seus interesses estão: leitura voraz de livros desde a infância, *video games*, jogos eletrônicos, animais, dinossauros, biologia e meio ambiente, revistas em quadrinho, cinema, personagens, autismo em mulheres, músicas, mundo da fantasia, literatura, coleções (selo, papel de carta, cartão postal, chaveiro etc.), justiça social e política, além de pintura, desenhos realísticos, fotografias, poemas, idiomas, escrita e outros (cf. Silva; Mendonça, 2022; Orrú, 2023; 2024).

Observar a complexa conexão entre temas de interesse – como o hiperfoco, a imagem como elemento constitutivo do pensamento, a memória de excelência (que também diz respeito a imagens) como um canal de possibilidades diversas e a presença da literalidade nas relações dialógicas e interpretações (tanto dialógicas quanto textuais) – pode representar um diferencial relevante nos processos interdependentes de ensinar e aprender, seja no âmbito do conhecimento acadêmico, do saber que embasa as relações e as habilidades sociais, seja no do desenvolvimento do autoconhecimento e da percepção de si em relação a si mesma e aos outros (cf. Orrú, 2024).

Quando o hiperfoco é a escrita, ela é como uma tecitura de conexão profunda de si, consigo, para si, com o mundo e para o mundo. É mister que a família, os profissionais da saúde, a escola, a universidade e os espaços laborais acolham o hiperfoco como potência.

- O hiperfoco é um fenômeno presente na vida de muitas PcA, sejam elas crianças, adolescentes, jovens ou adultas.
- Temas, atividades, objetos e conjuntos de interesse que cativam intensamente as PcA serão incansavelmente explorados por elas.
- É comum as PcA relatarem alegria, satisfação, prazer e paixão pelo seu hiperfoco.
- O hiperfoco é um caminho e uma potência para o aprendizado e o desenvolvimento da PcA nos mais diversos e distintos espaços: na escola, na universidade, no esporte, nas artes, no trabalho etc.
- Valorizar o hiperfoco da PcA, acolher e oferecer uma escuta sensível e empática poderá oportunizar e aprofundar o estabelecimento de vínculo social e afetivo com essa pessoa.
- O hiperfoco pode ser uma ponte para o autossustento da PcA e sua contribuição de excelência ao mundo do trabalho com amor, satisfação, potência, criatividade e inovação.

## Plante um sorriso

Tudo é incerto e tem seu fim,
menos a Morte de tudo.

Se puder,
não semeie tristezas no coração alheio.

Você vai morrer!

Plante uma flor,
uma árvore,
MELHOR, um sorriso.

Isso também é sobre inclusão.

## Carta à minh'Alma

Minha querida Alma, hoje o sol acordou doce, a tempestade seguiu caminho, a paz perfuma os meus olhos. Escrevo-te de um dia bom, quente e de céu azul, para abrigar teu porvir quando outra tormenta despontar lá do Sul e tiveres que atravessá-la ou, então, aguardar sua passagem em um lugar seguro.

Olha, escuta-me com afeição e compartilha com a razão essas linhas que redijo sobre o hoje, porque o ontem já cumpriu o seu propósito e o amanhã é imprevisível como o vento brincalhão.

Alma querida, a vida não pode ser passada a limpo, ela não tem folhas para rascunho, nem borrachas, nem um cronômetro que controla o tempo.

A vida é teu "agora", teu momento, teu respiro, o piscar sutil de tuas pálpebras, a gota de saliva que te alivia a sede, o gozo que emerge de ti, o arrepio de tua entrega ao amor.

Teu "agora" em vida é o abraço no qual envolves a ti mesma, o bem que hoje fazes ao teu próximo, são tuas escolhas, são as dores e os amores que deixas partir, são as alegrias com os novos amores que te arriscas a sonhar.

Escrevo-te em sobreaviso para que não vás dormir brigada com o ontem e não rumines o fel das frustrações: resolve tuas pendências com sabedoria e não algemes tua liberdade de viver aquilo que és.

Antes que o sono te fuja, respira fundo quantas vezes necessitares, escolta com afeto íntegro os teus sentimentos, esquadrinha com cautela os acontecimentos, não acumules para ti mágoas incautas, alicerça-te na paz, aprende a ser teu próprio porto seguro.

Amada Alma, em dias de grande dor, talvez te enfureçam os meus conselhos. Calma, lembra-te de respirar fundo outra vez, rega tua paciência. Quero-te tão bem, não te entregues à fúria, ela é como um tornado de venenos. Antes de dormir, des-acomoda a culpa de teu íntimo, perdoa-te a ti mesma de tudo, limpa teu coração, descansa, pois quem mais faria isso por ti?

Alonguei-me por demais, mas já estou terminando: tira um tempo para escutar tua voz em ti, deixa o sol te acariciar, sente uma música, toma um banho quentinho, experimenta uma comida diferente, voa de parapente, nutre tua confiança e tua amizade contigo mesma, não julgues a ninguém, tampouco te condenes à aflição do remorso; de antemão, fortalece tua coragem de viver e amar sem pudor.

Minha querida Alma, ainda um conselho mais: que o legado do passado seja apenas teu aprendizado; grilhões, jamais. E que o teu desejo seja sempre maior que o teu medo, pois é nesse compasso que respira a coragem.

Com amor, teu Coração!

## Janeiro não é branco

Janeiro não é branco.
O que urge senão o resgate da chama da vida
para que não se apague até setembro chegar?
Antes mesmo de se contar até um,
Setembro não será amarelo.

O devir não é branco.

E que não sendo janeiro,
que seja aurora de todas as luas,
de todas as cores,
de qualquer cor,
menos um grilhão de opressão mais alvo do que a neve
que nasce na friagem do inverno sem abrigo.

Que o devir venha com beleza,
energia,
vigor,
desejo,
intensidade,
e até, quem sabe,
raiva e angústia,
mas que não seja branco,
nem puro,
nem sem graça,
nem divino,
nem austero,
nem conto de fadas.

Há lágrimas de sangue por toda parte
de Setembro a Janeiro
de Janeiro a Setembro.

A dor da alma não é branca, é carmesim,
ela grita em Janeiro e geme em Setembro.

Para todas as luas,
devires de cores rompantes de todos os padrões:

de vaidade,
de (in)verdades,
de (in)diferenças,
de masculinidades,
de hipocrisias,
de (des)inteligências,
de (in)sanidades,
de moralismos,
de violências ocultas,
de silêncios silenciadores
de sistemas des-humanos,
de todos os tabus.

Janeiro não é branco.
Setembro não é amarelo.
São carmesim, a cor do sangue sangrando.

Que no devir do agora
sem mais tempo de espera
haja uma aquarela colorida,
o resguardo de um coração sensível,
presente no hiato de Janeiro e Setembro,
na travessia de Janeiro a Janeiro.

## O Tempo

passo no Tempo
porque o Tempo não passa
não há tempo para tudo
porque o Tempo é tudo

passo,
me arraso,
me arrasto,
me rasgo,
me jogo no compasso de um Tempo que não tem tempo
por que sofrer se tudo passa no Tempo?

que pretensão querer um tempo
pedir um tempo
perder tempo
ganhar tempo
fazer no meu tempo
aproveitar o tempo
se é o Tempo o invencível soberano

o Tempo não passa
quem passa sou eu
nua
só
solitária
parece ruim?
talvez apenas seja uma das miragens de um ponto no Tempo

o Tempo nunca passa
passamos nós
eu
você
o sol
as estações
as nuvens
a felicidade
a tristeza
a poeira
a graça
a des-graça
os filhinhos
as mães
os amigos
os des-humanos
o belo com sua sombra

tudo passa enquanto passamos
só o Tempo é sempiterno
somos o presente do Tempo presente

de passagem meu incerto destino
meu frágil ser no Tempo que me passa

# 7

# Sensibilidade e exaustão

As PcA apresentam uma variedade de sensibilidades – tanto hipersensibilidade quanto hipossensibilidade – que se manifestam na forma de distorções sensoriais, sobrecarga emocional, receptividade multicanal de informações e dificuldades de processamento (cf. Gomes *et al.*, 2004).

Há relatos de sensibilidade corporal a temperaturas acima ou abaixo da média e de sensibilidades relacionadas à hiperacusia, à fotofobia, ao tato, ao paladar, além de uma estreita relação entre o processamento de informações olfativas e afetivas, de modo que os odores podem modular o humor, a cognição e o comportamento (cf. Soudry *et al.*, 2011; Chistol *et al.*, 2018; Williams *et al.*, 2019; MacLennan; O'Brien; Tavassoli, 2022).

O uso de medicamentos pode ser útil para tratar sintomas diversos; no entanto, eles também podem gerar efeitos colaterais e desencadear crises de sobrecarga sensorial, por isso a importância de se manter um diálogo franco com o profissional da saúde (cf. McDougle, 2018; Owens; Mathias; Iodice, 2021; Aishworiya *et al.*, 2022).

Essas sensações podem ser extremamente perturbadoras e desencadeadoras de crises de sobrecarga emocional, principalmente quando a tentativa de mascarar o autismo está presente. Ou seja, a sobrecarga sensorial está intimamente relacionada à sobrecarga emocional e vice-versa: "A hiperreatividade sensorial pode resultar em adultos autistas que se sentem sobrecarregados, e isso pode ser exacerbado quando experimentam estresse elevado e níveis de energia esgotados" (MacLennan; O'Brien; Tavassoli, 2022, p. 3062 – tradução minha).

Apesar de os fenômenos mencionados a seguir não serem abordados oficialmente pela literatura médica e científica, compreendo que são relevantes e devem ser conhecidos. Assim, faço um resumo dos seguintes conceitos: em primeiro lugar, o de sobrecarga sensorial; em segundo lugar, o de *meltdown* e o de *shutdown*; e, por fim, o de "esgotamento autista". Acrescento, ainda, o acontecimento da "inércia autista", abordada de forma pioneira por Buckle *et al.* (2021).

| FENÔMENO | CONCEITO | MANIFESTAÇÕES |
|---|---|---|
| Sobrecarga sensorial | Estímulos sensoriais intensos e excessivos que afetam a capacidade de processamento e enfrentamento por parte da pessoa com autismo.<br><br>Esforço intenso na tentativa de controlar e lidar com as sensibilidades sensoriais cotidianas que se acumulam ao longo do tempo. | • Estímulos em excesso (sons, cheiros, toques, texturas, luzes, cores, sensação de movimento, sabores etc.);<br>• Hiper-reação a um ou mais estímulos;<br>• Alterações de rotina, rituais e imprevistos;<br>• Frustrações;<br>• Estresse/sobrecarga emocional;<br>• Fadiga ou ressaca social;<br>• Situações que exigem muito raciocínio sob pressão;<br>• Canseira demasiada/necessidade de dormir para descansar;<br>• Mascaramento do autismo;<br>• Camuflagem social. |
| *Meltdown* (derretimento) | Reação de crise externa a uma situação ou ambiente altamente angustiante (resposta alta de adrenalina e carga emocional). | • Aumento considerável dos níveis de ansiedade e angústia;<br>• Colapso na capacidade de gerenciar as próprias emoções e sentimentos;<br>• Crises de explosão emocional;<br>• Perda temporária do controle emocional;<br>• Comportamentos repetitivos exacerbados;<br>• Sintomas: gritos, choros, enjoos, tremores, dor no corpo, mal-estar;<br>• Crises extremamente angustiantes;<br>• Pode haver autoagressão e agressão a outras pessoas. |

| FENÔMENO | CONCEITO | MANIFESTAÇÕES |
|---|---|---|
| *Shutdown* (desligamento ou congelamento) | Reação de crise interna a uma situação ou ambiente altamente angustiante (resultado de alto escape de adrenalina e do acúmulo de carga emocional).<br>• A pessoa pode ficar parcial ou totalmente desligada ou paralisada, sem responder a qualquer forma de comunicação.<br>• É a forma mais comum de crise, muitas vezes não percebida pelas pessoas ao redor. | • Isolamento/paralisação;<br>• Alto sofrimento psíquico;<br>• Podem se sentir incapazes de sair da situação;<br>• Sintomas mais discretos, porém intensos;<br>• Sintomas: olhar distante, respiração ofegante ou lenta, podem se deitar no chão ou se retirar em isolamento, entre outros comportamentos que podem se correlacionar. |
| Inércia autista | Dificuldade generalizada e muitas vezes debilitante de agir de acordo com suas intenções.<br><br>A dificuldade pode se fazer presente nos momentos de transição entre o início de tarefas, como em situações de retomada de uma tarefa que foi interrompida. | • Dificuldade em iniciar, parar e mudar de atividades que não estavam sob seu controle consciente;<br>• Dificuldade profunda em iniciar até mesmo ações simples, o que sugere um distúrbio do movimento;<br>• Deficiências na função executiva (habilidades envolvidas no planejamento, memória de trabalho, atenção e inibição);<br>• Falta de controle voluntário e incapacidade de executar tarefas que era capaz de realizar;<br>• Dificuldade de priorizar um ponto de partida para reagir e sair com autonomia do estado da inércia;<br>• Sentimento de desconexão entre cérebro e corpo e consciência alterada;<br>• Desconexão entre intenções e ações;<br>• Fisicamente incapaz de se mover (semelhante à catatonia); |

| FENÔMENO | CONCEITO | MANIFESTAÇÕES |
|---|---|---|
| | | • Sentimento de exaustão em razão do estresse e sobrecarga emocional e sensorial;<br>• Consequências na interação social, na qualidade de vida, no bem-estar, na atividade laboral e nas tarefas cotidianas (produtividade reduzida e dificuldade em manter relacionamentos). |
| Esgotamento autista | Esgotamento físico e mental que pode ocorrer a médio e longo prazo.<br><br>Dificuldade para controlar as emoções. | • Pode haver explosões de tristeza e/ou de raiva;<br>• Diminuição do interesse por atividades que antes davam prazer;<br>• Menos habilidade para lidar com as situações estressantes;<br>• Adoecimento físico/mental;<br>• Alto sofrimento psíquico;<br>• Ansiedade intensa;<br>• Depressão;<br>• Ideação suicida. |

Fonte: Orrú (2024, p. 189-192).

- Muitos podem ser os gatilhos para sobrecargas sensoriais e emocionais. Os piores vêm da insalubridade das relações des-humanas com suas violências psicológicas.
- Busque nutrir uma escuta sensível, seja empático, respeitoso, humano e sensível às demandas da PcA.
- Faça a diferença: acolha a PcA com acessibilidade e generosidade, pois ela já tem muitos desafios a enfrentar intimamente consigo mesma.

## Erosão

– Hoje, eu não consigo... – eu me disse ontem.

– Hoje, eu não consigo... – antes de ontem, eu já havia me dito.

– Hoje, eu não consigo... – de novo, agora há pouco.

– Hoje, eu não consigo...

Será que me direi isso outra vez, amanhã e depois de amanhã?

Para onde meu Desejo partiu?
Será que permiti que a dor me arrastasse aos confins dos meus pensamentos mais intrusivos?
Que farei de mim sem o Desejo para me acompanhar?
Nada em mim quer arar o que não deseja mais cultivar.
Só quero colher frutos de uma nova semeadura, de um novo Desejo.
Mas onde ele mora?

A erosão das desilusões e do cansaço trincou meu solo.
Toda água do poço de minha alegria se esgotou na semeadura, no cuidado e no cultivo dos frutos que colhi e dividi com os outros.
Esqueci de mim na hora da partilha.
Agora minha terra suplica por descansar, mas na fronteira não há pouso.

Por que não posso descansar?
Por que a Terra é violentamente explorada?
Por que não temos tempo para nosso tempo?

Por que o ócio é maldito?
Por que meu trabalho virou castigo?

Por que meu Desejo me abandonou?
Será que ele baterá à porta da minh'alma me convidando para um nova jornada?
Ele não seria tão cruel em me deixar desolada, des-amparada diante da miúda ampulheta da vida, não é mesmo?
Meu Desejo ficou cinza pálido, como se preso na moldura de um velho porta-retrato empoeirado e sem vidro.
Quem sabe não tenha sido ele que se desbotou.

Talvez eu não tenha percebido sua terna despedida,
seu testamento para minha vida,
o momento de plantar um novo querer.

Os dias, as estações do ano, o vento, as nuvens, as floradas dos ipês, tudo se forma e se transforma no Tempo e com O Tempo.
Quero meu Desejo colorido como a primavera, vivo e florido como a Mãe Natureza.
Nos dias nublados e frios, quero que ele esteja vestido de laranja-intenso para me aquecer e me proteger a alma dos ladrões do tempo, dos piratas do ócio, dos vigias da criança que vive em mim.

Quero meu Desejo cheio de vida,
transbordando da vontade que nutre minha coragem a re-existir.
Um Desejo sem medo do tédio, da morte sutil, das sentenças passadas, das profecias do discurso nefasto dos outros.

Quero meu Desejo desejando beber a vida,
saciando-se das cores dos beija-flores e dos raios do sol na copa das araucárias,
voando no vento e cada vez mais perto da lua cheia,
chegando às alturas de onde eu possa ver tudo lá de cima em miniatura, sem pressa e sem medo de cair.

E naquela dimensão onde só eu e o meu Desejo nos encontrarmos,
que eu o ouça me sussurrar com doçura:

– Estou aqui para lhe amparar também nos dias nublados e frios, para lhe fortalecer o espírito contra o irremediável a fazer, para lhe beijar de coragem para você seguir caminhando e voando, para lhe lembrar do *time* do seu descanso, para lhe cobrir de resiliência e lhe fazer amor no amor por mim, o seu Desejo!

# 8

# Des-conexão

"Autismo" é um termo criado em 1907 por Eugen Bleuler e empregado pela psiquiatria para nomear comportamentos humanos reunidos ao redor do indivíduo, replicados para a própria pessoa. Esse termo tem sua origem na palavra grega *autos*, que quer dizer "por si mesmo". Qualifica-se "pelo adjetivo 'autista' a pessoa afetada pelo autismo, e pelo adjetivo 'autístico' tudo aquilo que caracteriza o autismo" (Roudinesco; Plon, 1998, p. 43).

Leo Kanner (1943) descreveu o retraimento da criança para si mesma e sua desconexão da família e George Frankl, médico pediatra, observou a desconexão na perspectiva da linguagem. Ele foi o primeiro a observar a "desconexão autista" em expressões faciais, linguagem corporal e fala ainda em 1933 (cf. Robison, 2016).

Crises relacionadas à sobrecarga sensorial e emocional, bem como aos fenômenos de *meltdown* e *shutdown*, à inércia autista e ao esgotamento autista, expressam sintomas de exaustão altamente prejudiciais à interação social da PcA, além de um sentimento de desconexão entre cérebro e corpo e uma consciência alterada, uma desconexão entre suas intenções e ações (cf. Paterson, 2016; Demetriou *et al.*, 2018; Ozsivadjian *et al.*, 2020; Welch *et al.*, 2021; Buckle *et al.*, 2021).

A (des)conexão entre o *modus operandi* pelo qual se colocaram no mundo das relações sociais (mascaramento e camuflagem social) com relação a como se sentem em seu íntimo e de sua própria relação com o autismo pode trazer muitas angústias às PcA e demandar tenacidade e perseverança para os novos propósitos de vida (cf. Orrú, 2024).

- O impacto das crises e do próprio sentimento de des-conexão é extremamente angustiante e resulta em alto sofrimento psíquico, isolamento social, dificuldade em gerenciar as próprias emoções e em executar atividades e tarefas.
- O sentimento e a sensação de des-conexão trazem consequências para a interação social, a qualidade de vida, o bem-estar, a atividade laboral e as atividades cotidianas, podendo haver produtividade reduzida e dificuldade em manter relacionamentos.
- Promover a inclusão e a acessibilidade da PcA de modo que ela possa ser ela mesma – despindo-se de forma segura da camuflagem social e do mascaramento do "seu autismo" –, compreender suas limitações e dificuldades e valorizar suas habilidades e potências são ações que favorecem a saúde física e mental da PcA e possibilitam uma sociedade cada vez menos excludente e mais acolhedora para todas as pessoas.

## Não sei...

...
é um aperto no peito,
sei lá...
quem sabe?
um respiro asfixiado
uma dor afogada
sem nexo
angústia?
não sei...
parece um nó na alma
um grito silencioso
uma prece torturada
uma âncora no fundo de mim
uma vírgula sem palavra
uma náusea reprimida
um gemido engolido
um abismo de mim
uma sangria de fantasmas
uma sepultura de canseiras
um mal-estar profundo
acho que é um nada
sei não...
talvez meu resto de mim à espera ansiosa pelo aconchego do
meu próprio abraço.

## O que ainda não se tornou palavra

Queria fabricar palavras para traduzir os meus sentires que se confrontam no caos disforme do meu oceano intocável.

As minhas palavras se escondem no secreto de mim e quase
não me saem à boca para me libertar de meus silêncios,
ora angustiados,
ora intensamente exuberantes.

Às vezes elas se arranjam com um lápis
e espiam pelo meu coração se podem cerrar por um momento
as janelas dos meus olhos para o mundo barulhento lá de fora.

Elas se desenham e me des-organizam em versos enigmáticos
para que eu me veja por inteira, caminhando pelos meus
próprios jardins e labirintos onde a minh'alma se move
suspensa de qualquer grilhão de uma realidade tosca que se
forja na perversa adultez da des-inocência.

As minhas palavras se escrevem como querem,
mas sem violência,
elas não me arrancam o que me é indizível.

Se eu pudesse respirar você para dentro de mim,
você conheceria o que ainda não se tornou palavra:
a energia mais potente do meu sentir.

Mas isso seria um milagre
e milagres são como tesouros submersos em dunas colossais.

...[silêncio]

Lá se vão minhas palavras,
outra vez...

# 9

# Sentimentos intensos e profundos

Declarações constrangedoras e ignorantes associam as manifestações mais profundas do autismo à ausência de sentimentos, à baixa inteligência e à completa descapacidade. Em outro extremo, equivocadamente, supõem que a PcA com mais autonomia e menos necessidade de suporte não tem dificuldades nem precisa de alguma forma de apoio.

Segundo Adam Smith (2009), as PcA têm sentimentos de empatia emocional intensificados e excessivos. Elas têm sentimentos, têm suas próprias lutas, seus desejos, seus talentos, suas dificuldades, suas habilidades, suas limitações, seus problemas pessoais, sua própria personalidade, seu temperamento, suas preferências, sua própria sexualidade, seus sonhos, suas frustrações etc., como todo ser humano (cf. Orrú, 2024).

- É totalmente equivocada a ideia de que as PcA não têm sentimentos.
- As PcA, independentemente do nível de suporte, podem sentir de um modo diferente, não convencional para a maioria da população.
- A intensidade contorna os "autismos"; as PcA sentem, e muito!

## Intensidade

Meu amor é intenso.
Meu des-amor é mais ainda,
é por inteiro,
no des-avesso da des-importância.

## Ao que vai chegar

Ao que vai chegar,
todo o amor do mundo!
A presença do inesperado expande o coração,
as pupilas brilham como estrelas,
em milésimos de segundos, tantos sonhos!

Ao que vai chegar,
Toda uma atmosfera de amor,
de calor,
de certezas de que a vida é tão Vida e linda!

Será acalento,
Será o Novo em nós,
Seremos melhores desde já,
enquanto esperamos o que vai chegar.

Os olhos sorriem!
O amor foi pego de surpresa,
entregou-se sem demora,
sem calma,
sem se precaver,
de corpo e alma se entregou.

Ao que vai chegar,
toda espera esperançosa de um futuro bom.
As cores,
os ares,
as luzes,
os mimos,

tudo faz parte na arte que suspira afetos
ao que vai chegar.

Ao que vai chegar,
risos e respiros de coragem.
Chegará em travessia,
breve, breve,
chegará!

Mas como nada é para sempre,
a felicidade dos que esperavam a chegada,
já dada por certa e vivida em seus pulsos,
foi roubada,
de novo,
pelas travessuras do inesperado.

Ele não chegaria mais.

Tudo chora!

O amor se espatifou.
A Vida é tão frágil.

"Eu não pude segurá-lo,
não pude salvá-lo,
não pude amá-lo ainda mais" –
gemiam os corações sem mexer seus lábios.

Os milésimos de segundos se fizeram dias,
meses, anos,
noites sem dias.
No silencioso barulho das lágrimas,
nós nas gargantas.

O Tempo, aliado do inesperado,
é mestre sádico?

Dói!

E, depois de doer...
tomaram-se conta, então,
mais uma vez,
que do inesperado se deve esperar tudo.

Ele não chegaria.
Ele já havia chegado!

Estava ali,
tão presente,
tão potente,
que a todos agregou,
envolveu,
fez Amor
e nunca mais se foi.

*(Para o meu bebê, que, em 2016, nasceu no meu coração,*
*no meu ventre,*
*na minha vida,*
*mas nunca para este mundo.)*

## O engasgar das palavras

Sinto que a escuridão é tamanha e palpável.
Vejo o Mal para todo lado.
A hipocrisia tomou conta dos textos e contextos.
O *ismo* domina as faces.

Os humanistas se des-montaram?
Os cristãos se apagaram?
Os juízes estão nas tumbas?
Os níqueis são mais que metal?
A vida vale menos que as pragas?

Não, não posso duvidar!
Não posso des-esperançar.
Não posso engasgar palavras.

Não posso duvidar porque eis que:

aos apertos no peito,
na falta de ar,
nas lágrimas da des-crença,
nos des-pedaços das esperanças,
na insônia dos alertas,
na perversidade das assembleias,
na escritura colegiada,

frente ao estrangulamento da Justiça,
na rotina dos des-montes,
na insalubridade das relações,
na iniquidade naturalizada,

na banalização do Mal,
no mal-estar das (in)verdades,
durante os açoites do ódio,
nas barbáries da ganância,
nos genocídios pelo poder,
na ignorância dos idólatras,
diante da má-fé dos politiqueiros,
do sadismo do torturador,
na cova dos energúmenos,
no cárcere sem grades dos oprimidos,
na solidão dos excluídos,

lá estava Ela,
terna, generosa,
justa,
acolhedora,
verdadeira,
gigante,
libertária,
amorosa!

Maior que o des-humano,
que a besta-fera,
que o monstro que engole vidas por cifrões e vaidades.

Como um farol que dissipa as trevas,
que dilui a neblina,
que ilumina a erma estrada,
que orienta à saída do túnel.
Como a chama acesa que acalenta,

que esquenta,
que espanta o medo
e se faz abrigo.

Assim é aquela/aquele que faz o bem ao seu próximo,
que não se perdeu de sua Humanidade,
que A leva consigo como lamparina,
que A re-carrega com amor.
Que em meio à comum indiferença ao Outro,
faz a diferença sem titubear,
sem calar a verdade,
sem cobrir a justiça,
sem trair a confiança,
sem silenciar o grito do que sofre,
sem velar a coragem de Ser Humano em tempos sombrios de des-afetos.

Não, eu não posso duvidar!
Não posso des-esperançar.
Não posso engasgar palavras.

A Humanidade,
ainda que em dores e dissabores,
prevalecerá em Justiça.

## Não é que me arrependi de nós

Não é que me arrependi de nós,
só não quero mais a minh'alma cansada me suplicando
liberdade
no espelho das minhas lágrimas rebeldes.

Só não quero mais de ti
a dureza dura da tua impessoalidade,
o ósculo maldito do des-compromisso com o amor,
o mel adulterado das conveniências forjadas,
a verborragia sem coração,
o veneno da bajulação,
o politicamente correto da indiferença,
a trama pelo poderio,
e o vômito da hipocrisia.

Só não quero mais,
não posso mais,
não devo mais
violentar meu desejo
de me arrancar de teus dedos,
de me furtar do teu domínio,
de me desejar sem ti,
de me perder sem ciência,
de nunca mais voltar para o teu reino.

Não é que eu te odeie,
te queira mal,
te menospreze,
ou te rechace.

É que já não te amo mais como outrora,
teus sopros obscenos já não me incendeiam de vontade,
teus sussurros não me molham,
teu discurso não me arrepia,
tua prosa já não me convence
de que só de palavras
eu possa seguir em romance contigo.

Não é que desisti de nós,
é que eu já não caibo em nós
e tu estás para além de mim,
onde meus braços não podem mais te alcançar,
e meus afetos se tornaram um emaranhado de contradições
onde a palavra-viva "angústia" cresce como um monstro
des-almado.

Não é que tu não sejas o meu tipo,
é que eu nem sei mais quem sou sem ti,
sem te ter de sobrenome,
sem me sabotar para não te perder,
sem me esquecer para te lembrar.

Não é que eu te queira longe,
mas não quero ficar por perto.
Não quero o beijo frio de tua língua dissimulada.
Não quero que tua inteligência sedutora me algeme no
sadismo do querer saber mais do que me seja suficiente para
permanecer lúcida em minha loucura.
Não quero que me lambuze nos grilhões da vaidade das
ilusões,

que me submeta à repetição de um gozo que não goza
e me coma pelo avesso sem ter um corpo para ofegar.

Não é que me arrependi de nós!
É que não quero vir a me arrepender de mim.

## Notas para quando eu partir

Antes de tudo,
quero partir em paz – simplesmente, partir –,
sem dor,
aquecidamente,
em paz.

Sem prolongamento da "morte" em vida aparelhada,
fria,
gelada,
fixa,
só
e artificial.

Mas depois do último suspiro de meu frágil corpo,
quero que todo meu corpo,
se ainda for um corpo vivo,
um corpo de luta,
um corpo que pulsa,
um corpo que sobre-vive,
se ainda for um corpo,
eu quero que ele se hibride com outros corpos,
que pulse em outros corpos aspirantes por vida,
que persista em fortalecer a Coragem da Vida.

Depois do último suspiro de meu frágil corpo,
de meu teimoso espírito,
quero perto de mim
só quem esteve perto do meu coração.
Não quero flores,
lágrimas,

lamentos,
cantos,
orações,
rezas,
cultos,
e discursos vazios.
Proíbo notas de pesar,
da Academia como dos Sacros,
ambos,
edículas de hipocrisias e violências inconcebíveis.

Depois do último suspiro de meu frágil corpo,
de meu teimoso espírito,
se ainda houver alguém Divergente,
quero suas raízes e versos de protestos,
quero rock do bom, vinho, vento e água.

Não mais que 17 minutos,
quero manifestos contra todos os tédios.
Não quero parentes,
políticos,
"colegas",
pastores.
Gente de bem que bem não me fez no Outrora,
eu não quero.

Depois do último suspiro de meu frágil corpo,
de meu teimoso espírito,
só quero os meus amores,
nunca os conservadores.
Quero feministas,

jamais os machistas.
Quero os libertários,
e não os refratários.
Quero os de punho em alto,
mas com suas mãos abertas.
De jeito nenhum
quero os inertes;
os omissos com suas mãos bem lavadas,
esses eu não quero.
Quero os quentes e determinados;
dos mornos e covardes
quero distância.
Quero os emotivos;
os controlados que se ferrem.
Quero os intensos;
os hipócritas, pro inferno!

Depois do último suspiro de meu frágil corpo,
de meu teimoso espírito,
não quero velório,
quero poema caudaloso.
Não permito enterro,
quero fogueira:
não quero esfriar,
quero queimar,
quero voar pra todo lugar
que o vento me levar
e para a Mãe Terra
em cinzas regressar.

# 10
# Memória e literalidade

Estudos retratam que especialmente em PcA com nível 1 de suporte (talvez porque elas tenham melhor desenvolvida a capacidade de se expressar em palavras com autonomia do que quando comparadas as outras PcA no nível 2 e 3 de suporte, onde há maior dificuldade de expressão), há a presença de uma memória singular que costuma surpreender as demais pessoas com a descrição de detalhes ricos e pormenorizados, de sensações sensoriais experimentadas, de fatos ocorridos, inclusive aqueles relacionados à tenra idade, trechos de livros lidos, datas de eventos importantes, enfim, acontecimentos considerados marcantes ou que são de seu foco de interesse (cf. Klin, 2006; Ullman; Pullman, 2015). Esta memória, principalmente a de longo prazo, pode se assemelhar a níveis parecidos aos fotográficos em toda sua riqueza de minúcias, tal como padrões de cores, números e letras.

A literalidade é também uma característica comumente presente nas PcA, manifestando-se na tendência a interpretar as palavras de maneira concreta e explícita. Com isso, a compreensão de significados presentes nas entrelinhas, de ironias e de metáforas, é prejudicada e costuma escapar durante os contextos de conversação. Essa característica não se relaciona ao desenvolvimento ou ao nível de inteligência da pessoa, mas sim a um modo singular de processar a linguagem e seus contextos. Nesse sentido, a pessoa na condição singular do autismo poderá ter dificuldades para entender piadas, frases dúbias e sarcásticas e expressões idiomáticas. A compreensão literal das palavras e seus conceitos impactam tanto nas habilidades sociais e comunicativas quanto no aprendizado das PcA, pois há uma dificuldade na compreensão de significados não literais e metafóricos (cf. Frith, 1989).

Para compreender a PcA em toda a sua complexidade, é importante observar a intrincada conexão entre temas de interesse, o hiperfoco, a imagem como elemento constitutivo do pensamento, a memória de excelência – que também diz respeito a imagens – como um canal de possibilidades diversas e a presença da literalidade nas relações dialógicas e nas interpretações (tanto dialógicas quanto textuais). Essa atenção pode ser um importante diferencial nos processos interdependentes de ensinar e aprender – seja no âmbito do conhecimento acadêmico, do saber que embasa as relações e as habilidades sociais, seja no desenvolvimento do autoconhecimento e da percepção de si em relação a si mesmo e aos outros (cf. Orrú, 2024).

- A literalidade é uma característica muito comum nas PcA e pode trazer dificuldades em meio às relações dialógicas e subjetivas.
- As PcA, independentemente do nível de suporte, podem apresentar uma memória considerada elevada e incomum em comparação à memória da maioria da população.
- Nem todas as PcA apresentam uma memória extraordinária; algumas podem apresentar muitas dificuldades.
- A memória que é singular costuma apresentar vínculo com a área de hiperfoco, podendo ser extremamente potente e útil para o aprendizado e para o mundo do trabalho.
- Na comunicação, é importante ser claro e objetivo com a PcA.
- Respeitar as singularidades e as subjetividades das PcA em seu modo tão peculiar de compreender e se colocar no mundo é primordial para uma sociedade cada vez mais inclusiva.

## Tantas coisas me aconteceram

Minha criança vibrava feliz dentro da brisa, nas árvores, nas flores, nas águas, no que a vida lhe trazia dia a dia. Ela ria com os olhos, com os cabelos compridos ao vento, na companhia dos passarinhos, das formiguinhas, das borboletas, das joaninhas, iluminada à noitinha por um farol de vaga-lumes. A felicidade era um laço multicor e sem nó. No azul do céu e no verde gradiente da minha pequena floresta, as outras nuances coloridas se acolhiam e, acarinhadas pelos raios do sol, reluziam alegrias e ternuras que me embalavam em amor. Eu sorria para a vida descalça, com os pezinhos na grama e o coração livre, por alguns momentos, dos outros com seus julgamentos.

Tantas coisas me aconteceram...

Em minha íris vejo cada lembrança de cheiro, do gosto de pegar as frutas no pé, de tudo que ainda me faz cócegas na alma. No pulsar de minha criança de riquezas imateriais, a minha menina voava pelos livros da biblioteca da escola, escrevia suas próprias histórias, sonhava em ser amanhã o que já era ontem de alegria sem fim.

Tantas coisas me aconteceram...

Brincar de viver, viver de brincar.
Tocar as emoções ladeira abaixo na adrenalina de um carrinho de rolimã, no morrinho íngreme em um pedaço de papelão, na quebra de um galho com favos de mel, na derrapada da bicicleta que era emprestada.

Correr na rua de terra, ralar o joelho em um tropeção, sujar a roupa sem medo, encontrar no pôr do sol o aviso gentil da hora de voltar para casa, dizer "até amanhã" à meninada do bairro – tudo isso, boniteza da vida!

Tantas coisas me aconteceram...

Minha criança fez muitos aniversários e foi pega de surpresa com dores da alma que desconhecia. Chocou-se com mortos--vivos, sofreu a partida eterna de amados, doeu-se no corpo, des-compreendeu o significado de ser amparada, engoliu uma cachoeira de lágrimas que afogou sua versão mulher, forçou-se a se encaixar no que nunca lhe serviu, camuflou suas emoções mais doces e mais amargas, colou-se em lugares e discursos que não eram seus. Doeu-se inteira, em silêncio, destemida a ser fortaleza.

Tantas coisas me aconteceram...

Minha criança me viu chorar.
Com paciência me acalmou, ouviu-me, des-colou-me do alheio, banhou-me com sua essência peculiar, cuidou-me sem pressa adulta, alimentou-me com sua energia medular, deu-me a capa de sua coragem, confortou-me com sua esperança sempiterna, alegrou-me com sua verdade, deu-me asas para voar ao meu próprio encontro.

Tantas coisas me aconteceram...

Re-encontrar-me em minha criança tem sido a melhor delas!

# 11

# Alexitimia

Estudos sugerem que as PcA podem apresentar alexitimia – uma condição mental distinta do autismo, caracterizada pela dificuldade em identificar e expressar emoções, estando associada a déficits no reconhecimento de informações afetivas de outras pessoas (cf. Kinnaird; Stewart; Tchanturia, 2019; Oakley *et al.*, 2020; Cuve *et al.*, 2022).

Nesse sentido, a pessoa na condição do autismo e da alexitimia teria mais dificuldade para reconhecer, analisar e comunicar com clareza as suas emoções e sensações corporais, bem como para descrevê-las e regulá-las. A alexitimia – que, no grego, significa a "falta de palavras para sentimentos" – afeta e impacta a vida de várias PcA, cada qual à sua maneira e em sua subjetividade, pois cada pessoa tem sua forma singular de experienciar o autismo.

O autismo e a alexitimia podem prejudicar a percepção e a comunicação dos sentimentos; contudo, isso não significa que essas pessoas não os têm, não sentem os afetos produzidos pelo outro ou não expressam, de alguma maneira, as suas emoções e sensações. Também não significa que a sintomática da alexitimia esteja presente o tempo todo. Muitas vezes, por utilizarem caminhos sociais e comunicativos não convencionais, as manifestações emocionais de pessoas na condição do autismo e da alexitimia podem não ser compreendidas pelas outras pessoas – o que, porém, não indica ausência de emoções, nem deve ser interpretado como frieza ou indiferença diante do que ocorre ao redor.

- As PcA têm sentimentos.
- Dar apoio para que a pessoa na condição singular do autismo identifique, compreenda e expresse suas emoções é fundamental para seu bem-estar e seu processo de interação social.
- É necessário agir com sensibilidade e respeito, sempre evitando julgamentos e constrangimentos que possam provocar um maior isolamento social da PcA.

## Sinto o que não sinto

Sinto o que não sinto.
Sinto pelo que não sinto.
Há sentimentos, sentidos no não sentir.
Não há quem nada sinta.
Não há como nada sentir.

Sente quem respira,
sente ao luar de uma noite cálida,
sente nas chuvas que transbordam o açude do sertão,
sente nas asas da infinita mortalidade do ser,
sente em cada lágrima cativa,
sente no útero onde se musicalizam corações,
sente em si bemol,
sente...
sente-se,
se escore aqui em mim,
descanse de sentir o que não sente.

Não sentir um abraço,
um beijo,
um adeus,
uma saudade,
... é tudo sentimento,
profundo,
abundante,
faltante,
marcante,
estupidamente solitário de se sentir.

Há sentimentos quando um sentimento
foge do corpo,
escapa de sua sombra,
resiste ao irresistível,
faz sangrar o fantasma,
acorda a insônia,
emudece a garganta tão desejosa de palavras,
se recolhe dentro de si, por si e para si.

Não há quem nada sinta!

Sinto,
sinta,
sente-se comigo...

## Alexitímico

É bem verdade que há "coisas" inenarráveis, sentimentos tão extraordinários que as palavras não se fazem suficientes para exprimi-los.

São frutos espirituosos de alegrias intensamente coloridas, da sede saciada, da beleza da renovação da vida, das surpresas da natureza, do cheiro do cabelo do filho que dorme em paz, da música que arrepia as lágrimas, do amalgamar de corpos que se desejam, do beijo eternizado na memória, do gozo que se demora.

Também é fato que o indizível lacra o silêncio da dor, sufoca a voz do coração partido, da alma cansada, faz-se galho de roseira cravado na garganta do des-amparado, é o fantasma do medo que apequena o desejo.

O indizível assombra o terror pela hipótese da repetição do horror, ele é a cala ensurdecedora de um espírito abatido e só.

O indizível é inenarrável, é adjetivo solitário, engolido, que represa o que se transborda por todos os poros de um corpo.

O indizível é resistente enquanto a fala se faz potente.

A fala é ato, é capacidade, é voz que ocupa lugares e espaços, é acolhida do pensamento, é atrevimento, é trinca que muda o mundo, é força de insurgência, é poder de denúncia, é clamor por justiça, é a coragem do que não se abstém, é liberdade de expressão, é perdão que não se guarda, é alívio que se torna posse, é bênção que se impetra, é partilha com o próximo, um mel na boca dos amantes, o desejo revelado, é o poema declamado.

O indizível é o sentimento mais agudo, alexitímico.
A fala é a travessia pelo inexplicável, é um caminho de outras possibilidades para além do que outrora não se sabia como dizer.

*(A fala aqui é entendida como aquilo que o sujeito consegue dizer, expressar, quer pela oralidade, quer pela escrita, com ou sem recursos de tecnologia assistiva. O sujeito falante é o que se enuncia à sua maneira.)*

# 12

# Gênero e sexualidade

Ainda há pouca literatura com narrativas de PcA sobre sexualidade e gênero. Com relação ao impacto do autismo nos relacionamentos amorosos, a literatura descreve: as dificuldades no entendimento de ironias, brincadeiras e outras expressões (predominância da literalidade); a necessidade de rotinas e de momentos para estar só; os desafios sensoriais e interacionais que afetam a convivência com outras pessoas e em diferentes espaços; a resistência a passeios, viagens e pernoites fora de casa; a dificuldade para expressar sentimentos e emoções ao parceiro; os conflitos decorrentes do sincericídio; a suscetibilidade a crises de raiva e tristeza por sobrecarga emocional; a insônia que dificulta compartilhar o quarto com o parceiro; o incômodo com abraços e toques; e a dificuldade em manter relacionamentos e demonstrar afeto – ainda que o sinta intensamente (cf. Jackson-Perry, 2020; Rosqvist; Jackson-Perry, 2021; Orrú, 2024). De acordo com Gray, Kirby e Holmes (2021, p. 239 – tradução minha):

> Apesar do estigma sobre a sexualidade das pessoas com deficiência, a sexualidade e

> os relacionamentos íntimos são uma parte positiva e importante da vida de muitos autistas. Estudos mostram que a maioria das pessoas autistas experimenta sentimentos sexuais e tem relações sexuais satisfatórias, embora algumas possam não querer ou não ter parceiros.

Estudos recentes também têm apontado que as PcA apresentam mais diversidade em suas identidades de gênero do que a população em geral (cerca de duas a três vezes) e que as mulheres na condição do autismo (McA) experimentam mais disforia de gênero do que os homens com autismo e a população em geral (cf. George; Stokes, 2018; Hillier *et al.*, 2020).

A literatura científica revela que as McA podem não se apresentar como típicas de gênero ou rejeitar tais convenções sociais – como fazer escolhas específicas de moda e roupas, rejeitar as tendências da moda e parecer rebelde diante da sociedade. Além disso, podem apresentar mais traços considerados masculinos do que aqueles observados em mulheres típicas, de modo a evidenciar a incongruência de gênero entre PcA (cf. Wood; Halder, 2014).

- Respeitar as *diferenças* é fundamental!

## Azul

Havia passado das duas da tarde quando acelerava meus passos na subida do morro.

De repente, o azul de um Anjo Dourado me estampou um êxtase na alma. Meu fôlego ficou atônito, bambearam-me os joelhos.

O imprevisível me pregou outra peça e não havia gravidade que me firmasse os pés na Terra.

Sequestrada pela surpresa do ímpeto, disse o teu nome, enquanto mergulhava na ternura turquesa do profundo de teu olhar.

Viajei anos-luz em um milésimo de segundo, abri a cortina, e o inverno se desprendeu de mim; teu nome era doce em minha boca, eu parecia sonhar na primavera.

Sem respirar, corri para os teus braços, contive-me para não roubar o frescor cálido de teu beijo proibido.

Naquele piscar de olhos, a saudade me minudou por onde havia passado.

"Meu amor" foi o vocativo pronunciado. Tínhamos tanto a nos dizer, mas era o silêncio quem gritava na rua.

Teu carinho em meu rosto me encalmou; amei-te tudo naquele instante, um redemoinho de sentimentos me cativou em Vênus.

Imprudente, eu me joguei de novo em teu abraço, não podia me furtar daquelas pétalas de regalo, mesmo que caídas distante da roseira. Teu coração sentia o meu saltar, e eu ordenava que meus lábios não se saciassem nos teus.

Sussurrei em teu ouvido que sempre te amei, pedi teu perdão

pela minha covardia, abrigaste-me de novo em teu colo, outra vez, entreguei-me.

Em Eros, meu corpo transbordava de desejos e segredos.

– E agora? – eu me perguntava.

Sem pena de mim, a ventania intratável da realidade me abateu mais uma vez. Outro adeus, outra partida. Vi teus passos seguirem ladeira abaixo. Prendi o choro, tranquei a garganta, algemei meu coração, proibi-me à paixão, engoli-me.

Os verbos me faltam, sou uma terra inteira de sentimentos tensos e intensos, sou fogo e água consumidos no azul dos teus olhos.

Pobre de mim, forasteira de ti.

# 13

# Experienciar o autismo

O autismo não é um tipo de pessoa, um tipo de gente, uma filosofia de vida, uma doença, uma deficiência, uma genialidade, uma escolha, uma bênção ou maldição hereditária nem uma manifestação sobrenatural divina ou demoníaca. Não é uma coisa legal ou ruim. O autismo é uma condição que se manifesta de formas diversas em pessoas por todo o planeta – independentemente de sexo, gênero, cor, raça, etnia, geografia, crença, condição socioeconômica e *status* social – porque cada pessoa é única, não se repete e vive o autismo à sua maneira (cf. Orrú, 2024).

Se as PcA são diferentes, também percebem e reagem ao mundo de formas distintas. Elas têm inteligências, habilidades e dificuldades diferentes, assim como modos singulares de ser e de estar no mundo, com o mundo e com as outras pessoas. É preciso afinar uma escuta e um olhar sensíveis para o que a PcA tem a dizer, para com os seus desejos, por mais discretos ou basilares que sejam, e para tudo aquilo que ela pode ser. É fundamental que essa escuta e esse olhar sensíveis estejam atentos aos desejos, às implicações, às demandas singulares que não se encontram reveladas no discurso por meio da fala – independentemente do nível de suporte. É essencial dar espaço para que essa pessoa – tenha a idade que for – seja respeitada, vista e ouvida como sujeito de desejos e direitos, e não como um "corpo-mente autista" a serviço da pesquisa e do descarte social. Inclinar-se a escutar o que as PcA têm a dizer sobre as próprias experiências, preferências, sensações e sentimentos é imprescindível para evoluirmos de maneira inclusiva em nossa sociedade.

Particularmente, entendo que os conceitos e as definições sobre o autismo que foram construídos pela literatura médica e científica ao longo dos séculos XX e XXI têm os seus propósitos e lugares em meio à ordem social, sobretudo no que diz respeito ao cuidado com a saúde física e mental da PcA, como também à garantia e ao acesso a direitos humanos e sociais por meio dos trabalhos legislativo e executivo, os quais possuem como sentinela o Poder Judiciário.

Ao longo da história, a psiquiatria se pôs a buscar um diagnóstico descritivo das doenças e do quadro de sintomas que alterava o comportamento do indivíduo. Por outro lado, a clínica psicanalítica se debruçou em sua causalidade psíquica e sobre como o sujeito se relaciona com o outro e é reconhecido por ele, por meio da linguagem. De uma esquina a outra, é preciso compreender que o autismo – enquanto desordem, distúrbio, transtorno ou qualquer outro termo adotado pelas classificações baseadas no modelo médico – é uma construção social. Essa construção tende a supervalorizar o déficit, o sintoma, a anormalidade, a invalidez e o capacitismo, em detrimento da pessoa *com* e *em* sua subjetividade, a qual, em inúmeras ocasiões e contextos, sequer é concebida ou vista como sujeito, sendo sumariamente definida como um indivíduo fora da norma: um ser patologizado, um incapaz, um estranho que precisa ser tutelado, consertado, normalizado – ou, quem sabe, com os avanços da ciência, curado de sua "moléstia" ou, para os mais incultos, exorcizado de sua suposta maldição. A ciência muda e, com ela, mudam as certezas, os rótulos, as intervenções.

Não nos restringindo tão somente às leituras e às releituras da ciência sobre o autismo, é importante abraçarmos, igualmente, uma compreensão desse conjunto de sintomas que afetam a comunicação, a interação social e a organização de pensamentos e emoções e que foi nomeado de autismo (cf. American Psychiatric Association – APA, 2022) como características que também constituem a subjetividade e a individualidade daquela pessoa. Logo, cada um vivencia esse conjunto de sintomas de modo único, subjetivo e peculiar. Por isso, a infeliz frase "você não parece autista" deve ser banida de nossas conversações por seu tom estigmatizante e capacitista.

- O autismo se repete, as pessoas, não; elas são únicas.
- Cada *pessoa* experiencia a vida de maneira única e subjetiva.
- Cada PcA tem sua própria vivência no autismo; nenhuma é igual à outra.

## No avesso de mim

No avesso de mim
há o que você
não pode ver,
não pode tocar,
não alcança sentir,
tampouco amar.

Sou como uma concha encoberta pela areia da praia,
um vulcão que dorme nas profundezas do oceano,
o broto carmesim que seu inverno recalca
e que a minha primavera romperá outra vez,
mais uma e outra vez.
Tudo o que você teme, des-conhece e não experimenta,
sou eu em mim assombrando em você.

No avesso de mim,
a Mãe Natureza me aconchega,
me mima,
me nutre,
sorri
e instrui os fantasmas a ficarem meus amigos.

Há um universo revés em mim que você não pode invadir sem
antes se despir,
onde as cores dançam com os cheiros,
onde os sabores e as nuvens brincam de roda na ponta dos
pés,
onde a pele do vento é guarita de alegrias,
e é implacável com os seus deslizes.

No avesso de mim
há um castelo azul que me abraça de sol,
um intenso pomar de fulgores,
e um rio de diferentes amores.
Aqui eu moro criança,
Menina que corre
sem medo,
sem lança.

## O que des-acomoda

está para além de mim e eu,
no corpo, entre, e fora dele
em um sentir que me des-acomoda,
in-comoda,
a-comoda o que não é cômodo,

que estremece
aquilo que não quero ver, ouvir, sentir, engolir, digerir, falar, ansiar
que faz falta faltar,
escoar, evaporar, des-colar
é des-controle do controle
o excesso do que
não faz falta

é a des-obediência da minha obediência
o caos do meu rito contido
o des-sossego da minha paz em guerra com o normal,
com a costura da des-nudez sobre a pele do vento, da carne e da alma.

entre mim e eu
não quero mais nada que me subtraia de mim, o meu eu controverso,
nem dor, nem horror

nada que é teu, que nunca foi meu,
mas que me teceu
e me contorceu,

torceu-me os sentidos no corpo sem corpo,
no senso de mim
invadido por ti:
inocente outro de mim.

entre mim e eu
há um vale imenso que aconchega uma floresta
amada por águas tranquilas, inundada pelo azul do céu,
encantada por girassóis amarelos
e flores do campo de todos os sabores,
ali tudo se faz energia, cor em degradê de alegria,
e com amor,
dissolvem e renovam toda dor em um córrego de coragem e
des-temor

sou o vale que vive entre mim e eu,
a floresta densa de esperança,
o balanço que me des-cansa,
a calma e o movimento que me levam a voar,
sou a solidão e a companhia que me acompanham
na infinita e extraordinária jornada comigo mesma
neste universo de infinitudes.

## Intocável

Não há dor lá fora que possa ser tocada.

Apenas há Você e eu nesta jornada nada previsível,
sem garantias.

Não há dor lá fora.

Sua morada é a alma ferida,
que não usa mortalha,
que colhe sangrando,
no amor e no ódio,
o fruto de seu sofrer.

Não há dor lá fora.

Ela habita um corpo mortal,
uma mente solitária,
um Ser forasteiro,
um espírito peregrino.

Não há dor lá fora que possa ser tocada.

No redemoinho da vida,
ela pulsa pelo seu desejo mais intenso,
mais denso e imenso.

Não há dor lá fora.

Não a mande embora no inverno de sua alma,
fugaz,
ela voltará tempestuosa
exigindo ainda mais o seu abrigo.

Não há dor lá fora.

Inquieta,
ela murmura sobre aquilo que precisa
no silêncio de seu barulho interior.

Não há dor lá fora que possa ser tocada.

Só há Você e eu,
cada qual com a sua dor para ser curada com tempo e amor.

# 14

# Autoaceitação

Várias PcA relataram que o acesso ao diagnóstico as ajudou a compreender melhor suas demandas e a ser mais gentis consigo mesmas, a entender questões relacionadas ao passado e a melhorar em seus relacionamentos. A luta pela autoaceitação, tanto antes quanto depois do diagnóstico do autismo, é reconhecidamente exaustiva. Ela é muito importante para o bem-estar da pessoa após o diagnóstico; entretanto, a falta de aceitação por parte das outras pessoas pode impactar negativamente na construção do processo de autoaceitação do diagnóstico em suas vidas (cf. Harmens; Sedgewick; Hobson, 2022a; 2022b).

Os profissionais da saúde mental devem estar cientes dos malefícios da camuflagem social e do mascaramento do autismo para poder apoiar as PcA em seus processos de diagnóstico, na construção de formas de lidar com as experiências difíceis e para que vejam a aceitação de si mesmas como algo positivo.

- É desafiador enfrentar o diagnóstico do autismo na idade adulta, mas pode ser libertador.

- A PcA tende a esperar ser aceita pelas outras pessoas, pelos grupos sociais, de modo que o mascaramento de "seu autismo" e a camuflagem social trazem sequelas para sua vida social, principalmente para sua saúde mental.
- Quando uma PcA revelar o diagnóstico a você, não invalide o autismo em sua vida. Pode ter sido difícil e extenuante para ela decidir falar sobre o assunto e se reconhecer nessa condição.
- Não julgue, mas sim acolha.

## Indizível

O dia que acolhi minha voz, escutei-me desvelar:

O indizível faz doer.
Ele grita, mas nos emudece, nos embrutece,
ele se escapa, mas nos paralisa,
amasia-se com o silêncio enquanto nos laça a garganta.

O indizível anda na mente,
atravessa o corpo,
inunda os olhos de lágrimas represadas,
arranha a pele da alma,
agoniza o coração.

O indizível se multiplica,
ocupa lugares vazios,
transborda os excessos contidos,
tranca portas e janelas de felicidade,
usurpa alegrias,
asfixia-nos de solidão.

Ele habita na mais concreta abstração,
se nutre dos discursos que não nos pertencem,
se agiganta à sombra de estigmas e tabus,
nos apequena frente ao espelho da alma.

O indizível captura palavras,
as esconde em um pântano de desamparos,
projeta na alma cansada a epígrafe massacrante: "estou só!".

Faz covas profundas para enterrar a esperança, a alegria, o otimismo, a fé.
Fixa-nos no trilho da angústia,

cola-nos no mundo alheio,
incita-nos a recuar diante do insuportável.

O indizível é robusto,
não é cisco que se subestime.
É faísca que incendeia amanhãs,
é aperto que tortura fôlegos,
é um tsunami de tristezas que arrasa vidas em silêncio.

O indizível te faz doer!

De repente, minha voz me olhou com ternura e me sorriu.
Um azul de aconchego me abraçou,
eu estava feliz como um girassol amarelo.

Nas areias de meu deserto,
as pegadas de nossa fala dissolviam o indizível.
As palavras brotavam vida,
o verde de meu ser florescia.
Com paciência, eu podia ver a tristeza se escoar
e meus espaços, minha terra, eu mesma, do meu jeito, podia
arar.
Eu respirava sem apertos no peito, sem espinhos na garganta,
sem correntes invisíveis.

Quando acolhi minha voz,
palavreei,
saí do trilho,
pulei a janela,
pisei na minha grama,
voei,
vesti-me de mim.

## Minhas próprias sombras

Quando me des-armei da sombra que não me pertencia,
encontrei-me com meu próprio devir de desejos e
inquietações.
Percebi que a minha loucura não era louca, mas que insana
era a língua que me predestinava a ser in-fértil de medos
e lágrimas em um pântano movediço de angústias des-
amparadas.
Quando me projetei em minhas próprias sombras,
tremi.
Mas o que eu via e sentia eram as minhas próprias silhuetas de
um devir que me chamava a não me temer,
tão somente
acolher o meu tornar a Ser.

## Comigo

Eu me movo por entre mim mesma
Por dentro de mim mesma
Pelo meu corpo que se move e me move
Eu movimento meu movimento
Eu mergulho em minhas entranhas
Me bifurco em sensações sutis e imensas
Me abduzo em meus arrepios
Me des-encontro de mim
Me sinto em eclipse
E me arrimo no desejo:
de me esbarrar comigo
de me beber por inteira
de me transbordar de afetos
de me experimentar *in natura*
de me sentir plugada à Vida
de me des-colar do que me fere
de aquietar o que me inquieta
de me sossegar em mim
e me fazer dormir.

Eu me movo por entre mim mesma
às vezes me cruzo comigo cruzada
me lanço ao vento para que ele me leve
para que ele me traga de volta
para que ele me beije de azul
para que eu me ame com ele
para que no ventre de meu silêncio nasçam asas
e a minha fala voe tão alto

que eu me escute e des-canse
que eu me desfrute e me afague
que eu me embale no que me faz bem
que eu mesma me faça bem
que eu não me largue nunca mais
e me acolha em meu colo
o meu pouso seguro.

# 15

# Acolhimento

A diferença é uma qualidade própria da espécie humana. Somos todas e todos, igualmente, diferentes! A qualidade da diferença deve ser suficiente para a aceitação, o respeito, o reconhecimento, a valoração, o acesso e a garantia de direitos, bem como para o acolhimento à diversidade em toda a sua diferença.

A ausência de conscientização social e o estigma sobre o autismo são fatores presentes por trás do desencadeamento do "esgotamento autista". Entender o processo de esgotamento emocional no autismo é necessário para que redes de apoio familiar e profissional sejam construídas para o acolhimento da PcA e para que transformações sociais humanizadas sejam viabilizadas.

É fundamental que os profissionais da saúde mental se qualifiquem para o acolhimento adequado a essas pessoas que experienciam diariamente o amargor da marginalização e da exclusão social. É importantíssimo que eles saibam que dificilmente a PcA, sem acompanhamento e tratamento multi e transdisciplinar, terá uma noção bem concebida sobre como se acolher, ser gentil consigo mesma e construir recursos para o autocuidado com a sua saúde mental.

É essencial também que os empregadores se informem sobre as singularidades do autismo e que desenvolvam políticas e ações *concretas* de acolhimento à PcA, especialmente às trabalhadoras-mães que se encontram atravessadas pelo autismo. A autocrítica e o perfeccionismo já abeiram a vida dessas mulheres, ninguém precisa pressioná-las com mais crítica, depreciação e violência psicológica.

Depois de um tsunami prolongado de arrastos emocionais que afetam profundamente a saúde mental, é preciso muito amor para se (re)inventar e abrir outros caminhos possíveis a serem trilhados (cf. Orrú, 2024). Mas, estando só, pode ser extremamente difícil, complexo e angustiante.

- Acolhimento se faz com respeito, compreensão, paciência e empatia, valorizando a PcA como ela é.
- Investir em inclusão e acessibilidade também é uma forma concreta de acolhimento, mas discursos políticos e artigos acadêmicos que não extrapolam o papel não fazem nenhuma diferença na vida das PcA.
- Ter uma escuta sensível e se mostrar ativo nas resoluções das barreiras impeditivas da PcA à qualidade de vida, à educação, à qualificação profissional, ao traba-

lho, entre tantas outras questões, é importantíssimo para que ela se sinta acolhida e nutra um sentimento de pertencimento social, o que é extremamente relevante para a autoaceitação e o autoacolhimento.

- A PcA costuma ter uma hostil autocrítica consigo mesma. Ninguém precisa tornar ainda mais dura a sua jornada.

## Quando nada mais couber

Quando nada de fora mais lhe couber dentro do peito,
Mire as janelas da alma para dentro de si.
Com doçura, aconchegue seu coração,
Atenda-lhe o pedido,
Esvazia-o de toda dor, de toda canseira,
Daquilo que não é seu.

Vá com calma, não se apresse
Toda arrumação é trabalhosa.
Respire, descanse durante o percurso.
Trilhe com paciência essa jornada,
Beba da água do acolhimento,
Hidrate-se no amor próprio.

Quando nada de fora mais lhe couber dentro do peito,
Ouça as entranhas do seu coração.
Não ignore o que lhe magoa
Dialogue, perdoe,
Esvazie-o mais um pouco.

Cuide-se para si,
Afague-se,
Perdoe-se também, acima de todos.
Seja generosa com seu corpo, com sua alma,
Não se mesquinhe atenção.

Pegue no colo a criança que há em você,
Resgate os sorrisos de seus olhos,
Liberte-a das assombrações de outrora.
É aurora de novo,
Tudo novo se faz.

***

Quando nada de fora mais lhe couber dentro do peito,
Escreva-lhe uma cartinha,
Um bilhete de amor.
Colha para você uma flor colorida,
Sussurre-se que tudo passa.
De você, não desista.

Rememorize o que lhe faz bem,
Larga de vez o que não lhe pertence.
Renove seu pensamento,
Re-invente sua paz,
Esvazie-se um pouco mais.

Quando nada de fora mais lhe couber dentro do peito,
Não reprima as lágrimas,
Tão pouco sabote sua felicidade.
Aceite o que a vida lhe traz,
Viva cada instante com seu espírito tenaz.

Quando nada de fora mais lhe couber dentro do peito,
Veja que coisa boa será!
Mais cantos e encantos descobrirás,
Sementes de amor próprio germinarás.
Frondosa, a si mesma dará sombras para repousar.

E quando encontrar mais de você em seu peito,
Aceite-se sem receio.
Não queira olvidar que se forjou na fronteira.
O "agora" é tudo o que tem,
Abrace-se, portanto, com tudo o que é.

## Ainda hoje eu posso nascer...

Nascer de novo de mim mesma,
da semente vingada no terraço da minha dor,
regada pelos meus lençóis mais profundos de lágrimas,
aqueles só (re)conhecidos pelo coração des-armado.

Ainda hoje eu posso nascer...
Nascer de novo de mim mesma,
da terra fértil da minha floresta,
do ar mais puro que me re-vive,
que aconchega a minha criança sempiterna.

Ainda hoje eu posso nascer...
Nascer de novo de mim mesma,
do triplo respiro que apazigua a minha angústia,
que dissipa a ira que me ronda e a des-esperança que me des-espera.

Ainda hoje eu posso nascer...
Nascer de novo de mim mesma,
re-nascer da guerra que fiz comigo,
das muitas vezes que me matei,
dos meus desejos que sepultei,
dos meus sonhos que amputei.

Ainda hoje eu posso nascer...
Nascer de novo de mim mesma,
da semente fugaz que me brota outra vez,
das brasas que não se tornaram cinzas,
da esperança que andorinha libertou em seu voo além-mar.

Ainda hoje eu posso nascer...
Nascer de novo de mim mesma,
da minha teimosia de insistir em não desistir de mim,
de desejar beber a vida,
e, por mais um triplo respiro,
re-começar de novo comigo.

Ainda hoje eu posso nascer...
Em cada hoje se é possível nascer.

# Des-enlace

Meus pais liam para mim desde a minha mais tenra idade. Minha memória me leva aos meus quatro anos, com meu pai lendo histórias do Novo Testamento para mim. Demorei um pouquinho para compreender como as letras criavam as palavras e, depois, as frases e os textos. Comecei a ler com mais facilidade aos sete anos, e, aos oito, me apaixonei pela leitura quando descobri que poderia alimentar minhas curiosidades a partir da literatura.

Meu sono sempre foi fujão, então, antes de dormir, já de pijama e na cama, à meia-luz de um abajur avermelhado, minha mãe lia para mim os livrinhos que eu trazia da biblioteca pública que havia na minha escola, hoje Colégio Estadual Dona Branca do Nascimento Miranda, em Curitiba.

Eu amava ler! Li todos os livros da categoria infantojuvenil e diversas biografias que estavam disponíveis na biblioteca. E, depois, eu reli muitos deles por diversas outras vezes até os meus 15 anos, quando concluí a oitava série do primeiro grau, em dezembro de 1988. A bibliotecária se chamava Mari e, de tanto eu insistir, sempre que possível, durante o contraturno, na hora em que havia menos crianças para atender, ela me deixava ler os volumes da Enciclopédia Barsa. Que satisfação! Que privilégio ter vivido tamanha oportunidade na minha infância.

Meu pai, vendo que eu amava pegar emprestada a sua máquina de escrever, disse que, se eu quisesse, poderia escrever histórias para outras crianças. Então, aos oito anos, comecei a escrever sentada na grama do quintal de casa, mas me faltava paciência com a datilografia, de maneira que, ao errar uma letra, eu puxava o sulfite do cilindro da máquina com toda a força, rasgava o papel e o jogava fora com aquelas historinhas que nunca foram ouvidas por ninguém.

Em 1983, quando eu tinha nove anos de idade, na terceira série do primeiro grau, a Biblioteca Pública do Paraná realizou um concurso de redação intitulado "Meu animal de estimação". Participei escrevendo sobre uma cachorrinha que tínhamos em casa. Para a minha surpresa, minha redação ficou em primeiro lugar, e recebi como prêmio um aquário redondo com dois peixinhos vermelhos e um exemplar do livro *Contos, mitos e lendas para crianças da América Latina*, produzido por editores da Argentina, do Brasil, da Colômbia e da Venezuela. Em 1988, ainda na mesma escola, minha monografia foi finalista do *Concurso Banco do Brasil – 180 anos de história*. A alegria me brota até hoje ao recordar do encontro com a minha primeira escrita lida por outras pessoas. Desde então, nunca parei de ler e escrever.

Os anos se passaram, e participei de mais alguns concursos literários. Entretanto, a partir da pós-graduação, minha dedicação fluiu com meu hiperfoco voltado para a escrita acadêmica, produzida a partir de estudos e pesquisas em temáticas sobre autismo, inclusão, diferença, educação e direitos humanos. Em 2018, o livro *O re-inventar da inclusão: os desafios da diferença no processo de ensinar e aprender* venceu o III

Premio Internacional de Ensayo en Educación y Aprendizaje, realizado pela Global Knowledge Academics. E, em 2024, o livro *Mulheres em águas de piratas: vozes insurgentes da América Latina, África e Ásia em luta contra o patriarcado* ficou entre os dez semifinalistas do Prêmio Jabuti Acadêmico. Em março de 2025, fiquei feliz ao saber que fazia parte da lista dos 50 autores/autoras que mais impactaram os leitores com obras publicadas pela Editora Vozes nos últimos cinco anos.

Li e escrevi diversos artigos, capítulos e livros, e me senti muito feliz ao longo desses 25 anos produzindo literatura acadêmica pró-inclusão. Nunca é demais (re)dizer: não existe inclusão em sua plenitude onde a diferença, enquanto valor humano inegociável, não é motivo suficiente para promover mudanças – regimentais, arquitetônicas, pedagógicas, digitais, instrumentais, políticas, naturais, laborais e, sobretudo, atitudinais – que efetivamente transformem as práticas em prol da acessibilidade. Transformações que ultrapassem o discurso político e científico, abraçando todas as pessoas, sem distinção – não apenas jovens estudantes, mas também adultos, servidores públicos e trabalhadores da rede privada. É frágil em seus princípios, valores e missão a instituição que se qualifica como inclusiva, mas que, frente aos desafios de uma sociedade complexa em transição da barbárie excludente para o acolhimento das diferenças, escolhe quem incluir e regurgita o motivo para incluir/não incluir alguém. É abissal a exclusão pela omissão de quem tudo vê e nada faz, pela abstenção dos que não querem se envolver em situações delicadas, pelo silêncio que silencia covardemente o oprimido em seu *apartheid*, pelo poder da caneta.

Amei profundamente o meu trabalho como professora e pesquisadora junto aos estudantes e à comunidade. Valeu a pena estar com eles de corpo e alma! Mas a insalubridade das relações acadêmicas, a indiferença e a falta de acolhimento às minhas demandas de saúde, a ausência de diálogo, o endurecimento dos "colegas" quanto a decisões que impactavam diretamente em meu bem-estar físico e mental e os acordos des-cumpridos por gestores foram me adoecendo e, sem nenhum sentimento de pertencimento institucional, fui me entristecendo profundamente nos últimos anos. Essas tensões e tristezas do mundo do trabalho somadas a outros acontecimentos da vida, como a perda do meu bebê, levaram a minha alma a um lugar sombrio, inóspito, bem distante da alegria da criança que um dia eu havia sido. A aspereza e as ciladas da adultez estavam me engolindo a vida em sua preciosidade.

Nesse processo triste e duro de adoecimento e sofrimento psíquico, as crises por sobrecarga emocional e sensorial, em um ciclo de complexo contorno, tornaram-se cada vez mais frequentes. Eu não cabia mais em mim. Intolerante a determinadas intervenções medicamentosas, abracei a vida de meu filho, a atividade física e a psicoterapia como âncoras para a minha sustentação. Meu Amor, Ricardo, esteve sempre a meu lado me amando, cuidando de mim e me apoiando.

Num só golpe, o trabalho que eu amava tornou-se uma intimidação pelas crises de ansiedade que me gerava. Perdi cabalmente o desejo de escrever, pois, em meu coração, havia mais des-ilusões com o castelo do mundo acadêmico do que fé em seus discursos e suas políticas por uma educação e uma sociedade inclusivas para todas as pessoas. Tanto a universidade quanto a igreja – duas importantes instituições em minha história de vida – doíam-me com suas hipocrisias e violências des-humanas em nome do coletivo, do bem comum e de seus deuses, sacros e/ou profanos. A des-identificação com ambas as potências que constituíram parte de mim por longos anos era-me uma experiência brutal. Eu não tinha mais motivos e motivações intrínsecas ou extrínsecas para escrever. A escrita me faltava, e eu sentia a falta dela. Tudo estava cinza, sem gosto, sem graça, sem lógica e gélido.

Sem embargo, a vida segue seu curso na soberania do Tempo. Em uma sessão de psicoterapia, minha analista, a Guardiã dos meus segredos, cuidando da minha dor pela ruína do meu desejo de escrever, sugeriu-me, com olhar e sorriso afáveis: "Escreva para você!"

A princípio, pensei que era impossível! Minha escrita estava forjada na literatura acadêmica. Como eu me des-faria dos ritos e dos vícios cientificistas? Por outro lado, eu não achava nada fácil digerir meu mar de tristezas durante as sessões de análise, quanto mais dizer sobre ele em palavras escritas, estas que me eram linhas de fuga ao pensar e falar apenas sobre e para os outros durante tantos anos.

Devagarinho, fui me abrindo a essa nova possibilidade de me encontrar com a minha escrita. Literalmente, com a Minha Escrita: de mim para mim, comigo mesma, e de mim para o mundo, com o universo. Já não era mais sobre o outro, sobre o mundo e para os outros. Era sobre mim e, especialmente, para mim.

A escrita poética me abraçou como uma escrita terapêutica, um autocuidado para aliviar o impacto das sobrecargas sensoriais e emocionais que me fatigavam, bem como para enfrentar as sequelas dos des-encantos e das frustrações que estavam coladas no meu coração. Essa escrita também me possibilitou uma melhor compreensão sobre os meus processos de entristecimento e os recursos e caminhos para lidar com as minhas angústias e desassossegos. Nesse percurso tão íntimo e solitário, também aprendi a voar de parapente e, experimentando vitalmente o "agora" e nada mais, (re)acendi e permaneço (re)acendendo o meu desejo de viver intensamente.

Entendo que o Tempo é majestade; ele não passa, somos nós que passamos no Tempo e pelo Tempo – e como passamos rápido. Atualmente, em cada hoje que amanhece em mim, eu (re)escolho o amor à Vida, mesmo que uma tempestade de angústia sombreie o meu caminho, pois sei que as nuvens seguem seu próprio destino.

A poesia, o voo livre de parapente, as músicas das quais eu gosto e as caminhadas junto à Mãe Natureza alegram-me o coração, preenchem-me de gratidão à Vida e acarinham a minha saúde mental. Nem sempre é fácil, mas é possível se (re)inventar e se des-enlaçar daquilo que não nos faz bem. Há uma menininha em mim que me salva todos os dias das ciladas da adultez, e eu a amo!

À psicanalista Adriana Lopes, toda a minha gratidão por tanto.

Há braços em versos,<br>*Sílvia Ester Orrú*

# Bibliografia

AISHWORIYA, R.; HAGERMAN, R.; RESTREPO, B. *et al.* An Update on Psychopharmacological Treatment of Autism Spectrum Disorder. *Neurotherapeutics*, v. 19, n. 1, p. 248-262, 2022. Disponível em: https://doi.org/10.1007/s13311-022-01183-1. Acesso em: 5 maio 2025.

AMERICAN PSYCHIATRIC ASSOCIATION (APA). *Diagnostic and statistical manual of mental disorders*: DSM-5-TR. 5. ed., texto revisado. Washington: American Psychiatric Association, 2022.

ARON, E. N. Pessoas altamente sensíveis: como lidar com o excesso de estímulos emocionais e usar a sensibilidade a seu favor. Rio de Janeiro: Sextante, 2021.

ASHINOFF, B. K.; ABU-AKEL, A. Hyperfocus: the forgotten frontier of attention. *Psychol. Res.*, v. 85, p. 1-19, 2021. Disponível em: https://doi.org/10.1007/s00426-019-01245-8. Acesso em: 5 maio 2025.

BRADLEY, L.; BARON-COHEN, S.; CASSIDY, S.; *et al.* Autistic Adults' Experiences of Camouflaging and Its Perceived Impact on Mental Health. *Autism Adulthood*, v. 3, n. 4, p. 320-329, 2021. Disponível em: https://doi.org/10.1089/aut.2020.0071. Acesso em: 5 maio 2025.

BUCKLE, K. L.; GOWEN, E.; LEADBITTER, K. *et al.* "No way out except from external intervention": First-hand Accounts of autistic inertia. *Front. Psychol.*, v. 12, p. 1-17, 12 jul. 2021. Disponível em: https://doi.org/10.3389/fpsyg.2021.631596. Acesso em: 5 maio 2025.

CENTER FOR DISEASE CONTROL AND PREVENTION (CDC). *Community report on autism 2023*. Atlanta: Center for Disease Control and Prevention, 2023.

CHAPMAN, L.; HULL, L.; MANDY, W. *et al.* "I want to fit in… but I don't want to change myself fundamentally": A qualitative exploration of the relationship between masking and mental health for autistic teenagers. *Research in Autism Spectrum Disorders*, v. 99, p. 1-18, Nov. 2022. Disponível em: https://doi.org/10.1016/j.rasd.2022.102069. Acesso em: 5 maio 2025.

CHISTOL, L. T.; BANDINI, L. G.; CERMAK, A. S. *et al.* Sensory Sensitivity and Food Selectivity in Children with Autism Spectrum Disorder. *J. Autism Dev. Disord.* v. 48, n. 2, p. 583-591, Feb. 2018. Disponível em: https://www.ncbi.nlm.nih.gov/pmc/articles/PMC6215327/. Acesso em: 5 maio 2025.

CONHEÇA os tipos de arte e aprenda a diferenciá-los. *Arte Ref*, 2 set. 2024. Disponível em: https://arteref.com/arte-no-mundo/tipos-de-arte/. Acesso em: 5 maio 2025.

CUVE, H. C. BIRD, G.; CATMUR, C. *et al.* Are Autistic and Alexithymic Traits Distinct? A Factor-Analytic and Network Approach. *Journal of Autism and Developmental Disorders*, v. 52, p. 2019-2034, May 2022. Disponível em: https://doi.org/10.1007/s10803-021-05094-6. Acesso em: 5 maio 2025.

DANESH, A. A.; AAZH, H.; ESHRAGHI, A. A. *et al.* Hyperacusis in Autism Spectrum Disorders. *Audiol. Res.* v. 11, n. 4, p. 547-556, 14 Oct. 2021. Disponível em: https://doi.org/10.3390/audiolres11040049. Acesso em: 5 maio 2025.

DEMETRIOU, E. A., GUASTELLA, A. J.; HICKIE, I. *et al.* Autism spectrum disorders: a meta-analysis of executive function. *Mol. Psychiatry*, v. 23, n. 5, p. 1198-1204, May 2018. Disponível em: https://doi.org/10.1038/mp.2017.75. Acesso em: 5 maio 2025.

DUPUIS, A., ARNOLD, P. D.; BURTON, C. L. *et al.* Hyperfocus or flow? Attentional strengths in autism spectrum disorder. *Front. Psychiatry*, v. 13, p. 1-13, 16 Sept. 2022. Disponível em: https://doi.org/10.3389/fpsyt.2022.886692. Acesso em: 5 maio 2025.

FOUCAULT, M. *Nascimento da biopolítica*: curso dado no Collège de France (1978-1979). Tradução de Eduardo Brandão e Cláudia Berliner. São Paulo: Martins Fontes, 2008.

FRITH, U. *Autism*: explaining the enigma. Oxford: Blackwell, 1989.

GEORGE, R.; STOKES, M. A. Gender identity and sexual orientation in autism spectrum disorder. *Autism*, v. 22, n. 8, p. 970-982, 2018. Disponível em: https://doi.org/10.1177/1362361317714587. Acesso em: 5 maio 2025.

GOMES, E.; DANESI, M. C.; PEDROSO, F. S. *et al.* Auditory hypersensitivity in children and teenagers with autistic spectrum disorder. *Arq. Neuro-Psiquiatr.*, v. 62, n. 3b, p. 797-801, Sept. 2004. Disponível em: https://doi.org/10.1590/S0004-282X2004000500011. Acesso em: 5 maio 2025.

GRAY, S.; KIRBY, A. V.; HOLMES, L. G. Autistic Narratives of Sensory Features, Sexuality, and Relationships. *Autism in Adulthood*, v. 3, n. 3, p. 238-246, Sept. 2021. Disponível em: https://doi.org/10.1089/aut.2020.0049. Acesso em: 5 maio 2025.

HARMENS, M.; HOBSON, H. ; SEDGEWICK, F. Autistic women's diagnostic experiences: Interactions with identity and impacts on well-being. *The Health of Autistic Women: State of the Field and Future Directions*, v. 18, p. 1-11, 2022a. Disponível em: https://doi.org/10.1177/17455057221137477. Acesso em: 5 maio 2025.

HARMENS, M.; HOBSON, H. ; SEDGEWICK, F.The Quest for Acceptance: A Blog-Based Study of Autistic Women's Experiences and Well-Being During Autism Identification and Diagnosis. *Autism in Adulthood*, v. 4, n. 1, p. 42-51, Mar. 2022b. Disponível em: https://doi.org/10.1089/aut.2021.0016. Acesso em: 5 maio 2025.

HILLIER A.; BUCKINGHAM, A.; GALLOP, N. *et al.* LGBTQ+and autism spectrum disorder: Experiences and challenges. *International Journal of Transgender Health*, v. 21, n. 1, p. 98-110, 22 Apr. 2019. Disponível em: https://doi.org/10.1080/15532739.2019.1594484. Acesso em: 5 maio 2025.

HULL, L.; MANDY, W.; PETRIDES, K. The Female Autism Phenotype and Camouflaging: a Narrative Review. *Review Journal of Autism and Developmental Disorders*, v. 7, p. 306-317, 2020. Disponível em: https://doi.org/10.1007/s40489-020-00197-9. Acesso em: 5 maio 2025.

JACKSON-PERRY, D. The Autistic Art of Failure? Unknowing Imperfect Systems of Sexuality and Gender. *Scandinavian Journal of Disability Research*, v. 22, n. 1, p. 221-229, 2020. Disponível em: https://doi.org/10.16993/sjdr.634. Acesso em: 5 maio 2025.

KANNER, L. Autiscti Disturbances of Affective Contact. *Nervous Child*, v. 2, n. 3 p. 217-250, 1943. Disponível em: https://bpb-us-e1.wpmucdn.com/blogs.uoregon.edu/dist/d/16656/files/2018/11/Kanner-Autistic-Disturbances-of-Affective-Contact-1943-vooiwn.pdf. Acesso em: 5 maio 2025.

KINNAIRD, E.; STEWART, C.; TCHANTURIA, K. Investigating alexithymia in autism: A systematic review and meta-analysis. *Eur Psychiatry*, v. 55, p. 80-89, Jan. 2019. Disponível em: https://pubmed.ncbi.nlm.nih.gov/30399531/. Acesso em: 5 maio 2025.

KLIN, A. Autismo e síndrome de Asperger: uma visão geral. *Rev. Bras. Psiquiatr*. São Paulo, vol. 28, supl. 1, p. s3-s11, maio 2006. Disponível em: https://doi.org/10.1590/S1516-44462006000500002. Acesso em: 2 agosto 2025.

MACLENNAN, K.; O'BRIEN, S.; TAVASSOLI, T. In Our Own Words: The Complex Sensory Experiences of Autistic Adults. *Journal of Autism and Developmental Disorders*, v. 52, p. 3061-3075, July 2022. Disponível em: https://doi.org/10.1007/s10803-021-05186-3. Acesso em: 5 maio 2025.

MCDOUGLE, C. Behavioral Medication Side Effects. *Autism Speaks*, 5 set. 2018. Disponível em: https://www.autismspeaks.org/expert-opinion/behavioral-medication-side-effects-0. Acesso em: 5 maio 2025.

OAKLEY, B. F.; CHARMAN, T.; CRAWLEY, D. *et al*. Alexithymia in autism: cross-sectional and longitudinal associations with social-communication difficulties, anxiety and depression symptoms. *Psychological Medicine*, v. 52, n. 8, p. 1458-1470, 8 Oct. 2020. Disponível em: http://doi.org/10.1017/S0033291720003244. Acesso em: 5 maio 2025.

ORRÚ, S. E. *Aprendizes com autismo*: aprendizagem por eixos de interesse em espaços não excludentes. 3. ed. Petrópolis: Vozes, 2023.

ORRÚ, S. E. *O autismo em meninas e mulheres*: diferença e interseccionalidade. Petrópolis: Vozes, 2024.

OWENS, A. P.; IODICE, V. ; MATHIAS, C. J. Autonomic Dysfunction in Autism Spectrum Disorder. *Front. Integr. Neurosci.*, v. 15, n. 787037, p. 1-10, Dec. 2021. Disponível em: https://www.ncbi.nlm.nih.gov/pmc/articles/PMC8756818/. Acesso em: 5 maio 2025.

OZSIVADJIAN, A.; ABSOUD, M.; BAIRD, G. *et al.* Is cognitive inflexibility a missing link? The role of cognitive inflexibility, alexithymia and intolerance of uncertainty in externalising and internalising behaviours in young people with autism spectrum disorder. *J. Child. Psychol. Psychiatry*, v. 62, n. 6, p. 715-724, June 2020. Disponível em: https://doi.org/10.1111/jcpp.13295. Acesso em: 5 maio 2025.

PATERSON, T. Using the Maori Creation Story to Navigate Autistic Inertia. *Altogether Autism Journal*, 30 Sept. 2016. Disponível em: https://www.altogetherautism.org.nz/using-the-maori-creation-story-to-navigate-autistic-inertia/. Acesso em: 5 maio 2025.

ROBISON, J. E. Kanner, Asperger, and Frankl: A third man at the genesis of the autism diagnosis. *Autism*, v. 21, n. 7, p. 862-871, 13 Sept. 2016. Disponível em: https://doi.org/10.1177/1362361316654283. Acesso em: 5 maio 2025.

ROSQVIST, H. B.; JACKSON-PERRY, D. Not Doing it Properly? (Re)producing and Resisting Knowledge Through Narratives of Autistic Sexualities. *Sexuality and Disability*, v. 39, p. 327-344, 2021. Disponível em: https://doi.org/10.1007/s11195-020-09624-5. Acesso em: 5 maio 2025.

ROUDINESCO, E.; PLON, M. *Dicionário de psicanálise*. Tradução de Vera Ribeiro e Lucy Magalhães. Rio de Janeiro: Zahar, 1998.

RUSS, V.; ABBOTT, P.; BROWN, T. *et al.* Exploring the Role of Empathy in Understanding the Social-Cognitive Profile for Individuals Referred for Autism Spectrum Disorders Assessment in Adulthood. *J. Autism. Dev. Disord.*, v. 50, p. 1470-1478, May 2020. Disponível em: https://doi.org/10.1007/s10803-018-3693-8. Acesso em: 5 maio 2025.

SILVA, S. S.; MENDONÇA, S. *Autismo no feminino:* a voz da mulher autista Belo Horizonte: Mundo Autista, 2022.

SIMCOE, S. M.; ATTWOOD, T.; DONOVAN, C. *et al.* Are there gender-based variations in the presentation of Autism amongst female and male children? *J. Autism. Dev. Disord.*, v. 53, p. 3627-3635, 13 July 2022. Disponível em: https://doi.org/10.1007/s10803-022-05552-9. Acesso em: 5 maio 2025.

SMITH, A. The Empathy Imbalance Hypothesis of Autism: A Theoretical Approach to Cognitive and Emotional Empathy in Autistic Development. *The Psychological Record*, v. 59, p. 273-294, 2009. Disponível em: https://doi.org/10.1007/BF03395663. Acesso em: 5 maio 2025.

SOUDRY, Y; BONFILS, P.; CONSOLI, S.-M. *et al.* Olfactory system and emotion: Common substrates. *Eur. Ann. Otorhinolaryngol. Head. Neck. Dis.*, v. 128, n. 1, p. 18-23, Jan. 2011. Disponível em: https://doi.org/10.1016/j.anorl.2010.09.007. Acesso em: 5 maio 2025.

SSUKHAREWA, G. E. Die schizoiden Psychopathien im Kindesalter. *Monatsschr. Psychiatr. Neurol.*, v. 60, p. 235-261, 1926. Disponível em: https://doi.org/10.1159/000190478. Acesso em: 5 maio 2025.

TELES, P. S. *O alinhavo da Primavera Autista*: entre o ponto, o molde da identidade e a linha de devir. 2024. Tese (Doutorado em Educação) – Universidade Federal de Sergipe, São Cristóvão, 2024.

ULLMAN, M. T.; PULLMAN, M. Y. A compensatory role for declarative memory in neurodevelopmental disorders. *Neurosci. Biobehav. Rev.*, v. 51, p. 205-222, Apr. 2015. Disponível em: https://doi.org/10.1016/j.neubiorev.2015.01.008. Acesso em: 5 maio 2025.

WELCH, C.; CAMERON, D.; FITCH, M. *et al.* Living in autistic bodies: bloggers discuss movement control and arousal regulation. *Disabil. Rehabil.*, v. 43, n. 22, p. 3159-3167, nov. 2021. Disponível em: https://doi.org/10.1080/09638288.2020.1729872. Acesso em: 5 maio 2025.

WILLIAMS, Z. J.; CASCIO, C. J.; DAVIS, S. L. *et al.* Thermal Perceptual Thresholds are typical in Autism Spectrum Disorder but Strongly Related to Intra-individual

Response Variability. *Sci. Rep.* v. 9, n. 12595, p. 1-14, Aug. 2019. Disponível em: https://doi.org/10.1038/s41598-019-49103-2. Acesso em: 5 maio 2025.

WOOD, E.; HALDER, N. Gender disorders in learning disability – A systematic review. *Tizard Learning Disability Review*, v. 19, n. 4, p. 158-165, Sept. 2014. Disponível em: https://doi.org/10.1108/TLDR-01-2013-0004. Acesso em: 5 maio 2025.